Andrea Hurton

Gute Umgangsformen heute

Damit Du kein „VAGABUND"
bleiben mußt!!

Zur Erinnerung an Deine
„große" Schwester Katrin

Weihnachten 1998

Weltbild

Inhalt

Vorwort

Rücksichtslosigkeit, Rüpelhaftigkeit und brutale Ellbogentaktik waren noch nie gute Begleiter auf dem Weg zum Erfolg. In der modernen Kommunikationsgesellschaft haben sie vollkommen ausgedient. Eine ausgeprägte Persönlichkeit, Selbstvertrauen sowie Souveränität und Aufgeschlossenheit im Umgang mit anderen gelten als Schlüsselkompetenzen, die den Weg zum gesellschaftlichen und wirtschaftlichen Erfolg ebnen.
Wer die Spielregeln der modernen Etikette kennt, ist up to date, denn die Renaissance des Themas Umgangsformen gehört zu den wesentlichen gesellschaftlichen Trends der 90er Jahre.

Karriere-Knigge lautet eines der neuen Schlagwörter. Der 1796 verstorbene Freiherr Adolph von Knigge gilt als Ahnherr der Etikette. Kaum jemand weiß noch, dass er auch Theaterstücke, Romane, Reisebeschreibungen und politische Schriften verfasste. Berühmt und unsterblich wurde seine Sittenlehre. 1788 wurde die nun seit über 200 Jahren immer wieder als Flaggschiff der Etikette zitierte Schrift „Über den Umgang mit Menschen" veröffentlicht. Er sah darin eine Sammlung von „Vorschriften, wie der Mensch sich zu verhalten hat, um in dieser Welt und in Gesellschaft mit anderen Menschen glücklich und vergnügt zu leben und seine Nebenmenschen glücklich und froh zu machen".

MERKE!

Umgangsformen dienen dazu, das menschliche Miteinander möglichst harmonisch zu gestalten.

Vieles spricht dafür, dass diese Tendenz auch über die Jahrtausendwende hinaus anhalten wird: Die allgemeine Sehnsucht nach Werten und Orientierungen wird die Bedeutung der Umgangsformen noch verstärken. Aber die Uhr wird nie einfach zurückgedreht: Auch die Umgangsformen sind keine Regeln, die, einmal aufgestellt, in alle Ewigkeit Gültigkeit haben. Sie sind dynamischen Prozessen unterworfen und spiegeln die herrschenden Wertesysteme einer Gesellschaft oder einer Kultur. Man denke beispielsweise an das Rauchen und seine unterschiedliche Akzeptanz in der Öffentlichkeit – vom einstigen Ausdruck von Männlichkeit, wovon die Frauen ausgeschlossen waren, bis zur heutigen Quasi-Ächtung.

Die Veränderung der Geschlechterrollen, Emanzipation, Neudefinition von Männlichkeit – all das ist von nachhaltiger Wirkung auf die Umgangsformen. Sie sind nicht statisch, sondern dynamisch. Der viel zitierte Wertewandel macht auch vor den Umgangsformen nicht Halt. Historiker und Kulturwissenschaftler unterscheiden zwei Formen des Zugangs zu diesem Thema: einmal die „pragmatische" angelsächsische Methode, zum anderen die „oberlehrerhafte" preußische Methode. Letztere verliert zusehends an Bedeutung.
Heute befasst man sich nicht mehr mit dem Thema, um sich in hierarchischen Autoritätssystemen korrekt zu verhalten. Vielmehr geht es darum, sich die Spielregeln im gesellschaftlichen Umgang zu Nutze zu machen und sie in Erfolgsstrategien umzuwandeln. Und es geht auch um eine Vereinfachung der Regeln: Das Ziel ist nicht, möglichst viele, kompliziert klingende einzelne Regeln aufzustellen, sondern die Persönlichkeit zu bilden, wenn man so will, den schönen alten Begriff der „Herzensbildung" wiederzubeleben und sich die Grundregeln menschlicher Kommunikation zum Vorbild zu nehmen. Ein Gespür für richtiges Verhalten in jeder Situation soll an die Stelle starrer Regeln treten. Die alten Verkrampftheiten, die verschwitzten Hände in der Tanzschule, die Angst, „etwas falsch zu machen", sind hingegen völlig passé.
Wesentlich bei der Etikette ist der Gesamteindruck, den ein Mensch hinterlässt: Ist es ein höflicher Mensch, der weiß, was Rücksichtnahme und Herzensbildung ist, der anderen um sich herum auch den Raum lässt, der ihnen zusteht, oder ist es ein rücksichtsloser Drängler, der meint, mit Ellbogentaktik durchzukommen.

MERKE!

Umgangsformen sind keine starren Regeln. Genau wie alle anderen gesellschaftlichen Prozesse verändern sie sich ständig.

Die Etikette hat auch wesentlich mit der Selbstdarstellung einer Person und ihrer Selbstvermarktung zu tun. Das Thema Umgangsformen beschränkt sich deshalb in diesem Zusammenhang nicht auf den allgemeinen gesellschaftlichen Umgang. Vielmehr wird dem Thema Arbeits- und Berufswelt und den neuen Regeln der Selbstdarstellung ein hoher Stellenwert eingeräumt.

MERKE!

Zeitgemäße gute Umgangsformen können der Karriere förderlicher sein als ein glänzender Hochschulabschluss.

Die Bedeutung von Umgangsformen soll an einem Beispiel verdeutlicht werden: Ein Firmenchef muss sich zwischen zwei gleich qualifizierten Kandidaten oder Kandidatinnen für eine Position entscheiden. Was tut er? Er lädt die beiden zum Essen ein – und stellt schließlich den ein, der das Abendessen mit Bravour bewältigt und weiß, wie man eine Artischocke stilgerecht verzehrt. Umgangsformen gehören heute zu dem Grundwerkzeug, mit dem man für die Berufswelt gewappnet sein muss. Auch wenn sie auf keinem Ausbildungsplan stehen.

Viele Entscheidungen in der Geschäftswelt fallen aufgrund emotionaler Faktoren. Stellen Sie sich zwei Anbieter vor: Derjenige, der sympathischer, angenehmer, souveräner wirkt, ist zumeist der, mit dem man lieber zusammenarbeiten möchte als mit dem Konkurrenten, der ganz ohne Humor und Charme trockene Fakten herunterleiert.

Im Zuge der Öffnung und Demokratisierung der Geschäftswelt finden wir heute mehr und mehr Menschen aus nicht so hohen sozialen Schichten, Frauen, denen früher Karrieren verwehrt waren, Leute, denen Etikette und Protokoll nicht in die Wiege gelegt wurden, in wichtigen Positionen. Das heißt, auch sie müssen Etikette lernen. Es ist wie mit dem Autofahren: Ohne Verkehrsschilder würde das reinste Chaos herrschen. Die Prinzipien der modernen Geschäftsetikette folgen ähnlichen Grundsätzen: Sie versorgen uns mit einer gemeinsamen Sprache des Verhaltens, sodass sich Leute treffen, gemeinsam essen, trinken und sich unterhalten können.

In Kulturen ist das oberste Prinzip der Etikette die Rücksichtnahme auf die anderen. Gesellschaften können ohne Regeln nicht existieren. Und alle Regeln sind künstlich. Etikette ist auch wie die Sprache: Sie ändert sich, sie ist im Fluss.

Wer aber sind in der heutigen Gesellschaft die Autoritäten und Instanzen, die über gutes und schlechtes Benehmen entscheiden?

Eine Autorität, die darüber entscheidet, was richtig und was falsch ist, gibt es nicht mehr. In einer demokratischen Gesellschaft sind auch die Manieren demokratisch. Entscheidend ist, die Spielregeln jener Milieus, in denen man sich bewegen möchte, zu kennen. Es ist wie mit einer Fremdsprache: Die *native speaker*, die Muttersprachler, die sie gebrauchen und Tag für Tag verwenden, entscheiden darüber, was richtig und falsch ist, und nicht veraltete Regeln.

Deshalb wendet *Gute Umgangsformen heute* eine neue Methode zur Darstellung moderner Etikette an: Die Umgangsformen werden nicht von oben her verfügt, sondern recherchiert und nachgezeichnet, wobei vielfältige Beispiele das Gesagte anschaulich illustrieren.

MERKE!

Umgangsformen werden nicht erlassen wie Gesetze. Sie entstehen in der Gesellschaft, die sie benutzt.

Gute Umgangsformen heute fasst auf unterhaltsame und leicht nachvollziehbare Weise die zeitgemäßen Umgangsformen zusammen. Wer sich schnell informieren möchte, findet in der Rubrik MERKE! die wichtigsten Regeln. Fakten, die Sie unbedingt kennen sollten, sind mit GRUNDWISSEN gekennzeichnet. Unter NIEMALS finden Sie die gröbsten Fauxpas, die Sie auf jeden Fall vermeiden sollten. Ein ausführliches Register stellt einen zusätzlichen Ordnungsaspekt dar.

Der Begriff von Manieren, der diesem Buch zugrunde gelegt wird, entspricht in erster Linie einer pragmatischen Sichtweise. Viele Anstandsregeln – etwa die, Leute einander vorzustellen – überzeugen durch ihren Nützlichkeitscharakter.

Dieses Buch ist für all jene gedacht, die sich im Schnellverfahren die Grundlagen der Etikette aneignen wollen und weder Zeit noch Lust haben, um über dicken herkömmlichen Manieren-Wälzern zu brüten.

Wie bemerkte der Dichter Hugo von Hofmannsthal treffend über Umgangsformen: „Wer im Verkehr mit Menschen die Manieren einhält, lebt von seinen Zinsen. Wer sich über sie hinwegsetzt, greift sein Kapital an."

Moderne Kommunikationstechnologien

MERKE!

Übertreibung und Imponiergehabe sind die Todsünden im Umgang mit den modernen Kommunikationstechniken! Eine selbstverständliche Handhabung vermittelt Kompetenz und Souveränität.

Der Umgang mit den neuen Kommunikationstechnologien gilt als das Herzstück moderner Etikette. Der selbstverständliche, unaufdringliche Umgang mit Handy, Anrufbeantworter und Telefax gehört zum Standard moderner Umgangsformen. Hier überschneidet sich Etikette mit der Beherrschung einer modernen Kulturtechnik.
Wer auf einen souveränen Auftritt, und damit auf eine gute Selbstdarstellung, Wert legt, muss die Regeln, man nennt sie auch Codes, nach denen moderne Kulturtechniken funktionieren, beherrschen. Diese Regeln sind im Fluss und nicht starr. Sie verändern sich mit der allgemeinen Bedeutung und Verbreitung der jeweiligen Kommunikationssysteme. Der wichtigste Gesichtspunkt des Umgangs mit solchen Geräten ist der Nutzen, den sie für die Kommunikation seiner Anwender bringen.

Das Telefon

Das wichtigste Kommunikationsinstrument ist noch immer das Telefon. Vorhersagen über sein Ende, weil es durch die Kommunikation per Internet ersetzt würde, haben sich als ebenso falsch erwiesen wie die Visionen des papierlosen Büros. Kommunikationssysteme verschwinden nicht, sie ergänzen einander und werden je nach Zielsetzung verwendet.

Grundwissen

Das Telefon ermöglicht den unmittelbarsten, direktesten und persönlichsten Kontakt. Ein nützliches Telefongespräch besteht im klaren und präzisen Austausch von Fakten und Meinungen. Endlostelefonate kann man mit seinen Freundinnen führen, im beruflichen Alltag sind sie fehl am Platz. Faxmessage und E-mail unterscheiden sich vom Telefonat dadurch, dass man mit der angesprochenen Person nicht direkt zu tun hat. Sie sind dann geeignet, wenn es weniger um das persönliche Ansprechen einer Person geht als um Zahlen, Daten und Fakten: etwa bei Vertragsentwürfen, Projektvorschlägen usw.

Geschäftliche Telefon-Etikette

Fachleute für wirkungsvolle Kommunikation haben herausgefunden, dass durch die Nennung des Firmennamens ein zusätzlicher Werbeeffekt erzielt wird, weil der Anrufende – ein potentieller Kunde – sich den Namen dadurch besser einprägt. Es hängt allerdings von der Position im Betrieb ab, ob der Firmenname hinzugefügt wird oder nicht.
Beispiel: Sie sind als Telefonistin in einem mittelgroßen Betrieb tätig. Da Sie eine vermittelnde, Anrufe verteilende Stelle sind, melden Sie sich mit dem Firmennamen und einem freundlichen „Guten Tag". Sind Sie hingegen Leiter der Vertriebs- oder Marketingabteilung des Betriebs, sieht die Sache anders aus. In diesem Fall hat die Telefonistin den Anrufer zu Ihnen durchgestellt. Der Anrufer weiß bereits, mit welcher Firma er es zu tun hat. Es genügt, wenn Sie sich bloß mit Ihrem Namen melden.
Häufig wird auch in diesem Fall der Firmenname dazugesagt. Nach Meinung mancher Beobachter macht dies einen besseren Eindruck. Wenn Sie für einen Kollegen oder eine Kollegin einen Anruf entgegennehmen, sagen Sie: „Apparat Müller, hier Schneider, kann ich etwas ausrichten?"

MERKE!

Sie melden sich mit Vor- und Zunamen und sagen den Namen der Firma. Der Firmenname wird dabei in der Regel zuerst genannt.

MERKE!

Nehmen Sie Anrufe auf fremden Apparaten entgegen, sagen Sie den Namen des Kollegen, für den Sie sich melden, dazu! Sonst entsteht Verwirrung.

Niemals!

- Im Geschäftsleben ist die anonyme Entgegennahme von Telefonaten verpönt! Melden Sie sich keinesfalls mit „Hallo" oder „Ja, bitte?".
- Vertraulichkeiten am Telefon sind tabu! Abschreckende Beispiele: „Herrn Schneider, den gibt's hier längst nicht mehr, keine Ahnung, was der jetzt macht." – „Frau Doktor Schlummer suchen Sie? Die ist wieder einmal nicht an ihrem Platz. Es ist immer dasselbe mit der."

Private Telefon-Etikette

Im besten Fall melden Sie sich mit Ihrem Vor- und Nachnamen. Allerdings liegt dies nicht allen Leuten. Die meisten haben es nicht

MERKE!

Melden Sie sich mit klarer und deutlicher Stimme und – vor allem – mit Ihrem Namen.

gelernt, sich so am Telefon zu präsentieren und fühlen sich seltsam dabei. Zwingen Sie sich nicht zu einem Auftritt, bei dem Sie sich unsicher fühlen. Vergessen Sie aber nicht: Mit Ihrem Familiennamen sollten Sie sich schon melden. Anonyme Formen wie „hallo?" gelten heute in unserem Kulturkreis als nicht sehr souverän und beinahe nachlässig.
Keine Frage, dass es bequemer wäre, sich mit einem trägen „Ja" oder gar einem „Was ist?" zu melden. Manche Leute weigern sich gar, privat ihren Namen zu nennen, da sie das Angerufenwerden als Eindringen in ihre Privatsphäre betrachten. „Der, der mich anruft, will doch etwas von mir und nicht ich von ihm", argumentieren sie. Diese Haltung sei ihnen unbenommen. Dafür müssen sie in Kauf nehmen, dass ihre Telefonumgangsformen als nicht sehr höflich wahrgenommen werden.
Streichen Sie unbedingt allzu lockere Telefonumgangsformen aus Ihrem Wortschatz. Wer sich mit „Hallo, wer ist denn Liebes dran?" oder „Hallo, hier ist Ernst" meldet, gibt sich als Person gar nicht zu erkennen und öffnet andererseits schon am Telefon die Wohnungstür. Derlei Formen sind ein Überbleibsel aus der Zeit, als die Alternativ- und Wohngemeinschaftskultur in voller Blüte stand. Heute dominieren andere Werte.

Grundwissen

Der Trend bei den Umgangsformen geht in Richtung Nützlichkeit und Effizienz: Die Nennung von Vor- und Familiennamen wird geschätzt, da man auf diese Weise – besonders bei Familien – sofort weiß, ob man die richtige Nummer gewählt hat und wer am Apparat ist. Sprechen Sie, auch wenn Sie gestresst sind, klar und deutlich, nicht gehetzt, aber auch nicht zu langsam in den Hörer. So wirken Sie souverän und gewinnen Sympathie. Ihr Gesprächspartner ist Ihnen freundlich gesinnt, weil er weiß, mit wem er es zu tun hat und nicht lange nachfragen muss. Außerdem weisen Sie sich so als ein Mensch aus, der die Telefonetikette beherrscht.

Zu welchen Uhrzeiten kann ich anrufen?

Büro: Zu den bekannten Geschäftszeiten. Diese variieren je nach Branche. Frühstücks-, Mittags- und Kaffeepausen sollte man ebenfalls einkalkulieren. Bei Behörden und Ämtern empfiehlt es sich in jedem Fall, Telefonate bis Mittag zu erledigen, da am Nachmittag die Chancen, die gewünschten Gesprächspartner zu erreichen, rapide nachlassen.

Privat: Jeder Mensch hat ein Recht auf Privatsphäre und ist keinesfalls dazu verpflichtet, rund um die Uhr verfügbar zu sein. Darauf geht die alte Sitte der Besuchszeit zurück. In Zeiten, als es noch keine modernen Kommunikationstechniken gab, durfte man Besuche beispielsweise am Sonntag zwischen 11 und 12 Uhr abstatten. Zu anderen Zeiten störte man nicht unangemeldet. Auch bei Telefonanrufen sollten bestimmte Tabuzeiten beachtet werden.

MERKE!

Meiden Sie für wichtige geschäftliche Anrufe den Montagmorgen, Freitagnachmittag und Tage, die kurz vor einem Steuertermin liegen. Der Ansprechpartner ist womöglich gereizt, bzw. will sich nicht mit Ihrem Anliegen auseinandersetzen.

Grundwissen

Unerwünscht sind Anrufe während der Abendnachrichten im Fernsehen, während wichtiger Fußballspiele und anderer TV-Ereignisse. Keine Anrufe am frühen Morgen und am späten Abend. Außer bei Freunden, die späte Anrufe ausdrücklich erlaubt haben, ruft man nach 21 Uhr nicht mehr an, besagt die allgemein anerkannte Regel. Der Grundsatz, nicht während des Essens anzurufen, entfällt aufgrund der veränderten Lebensgewohnheiten. Feste Essenszeiten gehören der Vergangenheit an.

Wenn ich eine falsche Nummer gewählt habe …

Haben Sie sich verwählt, so sagen Sie: „Entschuldigung, ich habe eine falsche Nummer gewählt“ oder „Verzeihung, falsch verbunden“. Wortlos auflegen, es nochmals bei der falschen Nummer ausprobieren, wieder auflegen oder etwas Unverständliches in den Hörer brummen, schafft keine gute Stimmung. Die angerufene Person, die man irrtümlicherweise gestört hat, ist zu Recht verstimmt.

Was tun, wenn ein Telefongespräch zu lang wird?

Aufhören, aber nicht einfach auflegen. Es ist bekannt, dass viele Leute mit Leidenschaft telefonieren. Stundenlange Gespräche ziehen sie einem Kaffeeplausch vor. Aber auch das interessanteste Gespräch kann zu lang werden: Der Arm ist vom Halten des Hörers schon taub, oder man möchte einfach seine Ruhe haben. Für solche Fälle empfiehlt sich ein Beendigungsritual in der Dauer von zirka fünf Minuten.

Grundwissen

Das Gesprächs-Beendigungsritual – Schritt für Schritt

- Lassen Sie Ihren redseligen Gesprächspartner seine Geschichte zu Ende erzählen, ohne ihm ins Wort zu fallen.
- Achten Sie unbedingt darauf, dass er nicht erneut zu einer ausschweifenden Erzählung anhebt.
- Legen Sie sich einen Vorrat an Verabschiedungsfloskeln zurecht.
- Tragen Sie diese, kaum ist die Geschichte zu Ende erzählt, vor: „Schön, nach so langer Zeit wieder von dir zu hören! Leider habe ich gerade eine Gemüsesuppe auf dem Herd stehen und muss jetzt unbedingt Schluss machen." Oder: „Treffen wir uns doch einmal auf einen Kaffee, anstatt so lange zu telefonieren. Ich rufe dich an, tschüss ..." Oder: „Du, mein Kind ruft nach mir, ich muss nach ihm sehen. Bis bald."

MERKE!

Es ist – in einer Zeit des allgemeinen Sparens – nicht unschicklich, auf die hohen Kosten des Telefonierens hinzuweisen und sie als Grund für die Beendigung eines Gesprächs anzuführen.

Ein Telefongespräch mit dem Hinweis auf das Geldsparen zu beenden, ist speziell bei Auslandsgesprächen vernünftig. Sie brauchen sich auch dabei nicht zu schämen und zu befürchten, man würde Sie für knausrig, geizig oder bettelarm halten. Sagen Sie, wie es ist: „Wir haben jetzt schon eine Stunde geredet, und du weißt ja, was das kostet. Ich besuche dich lieber bald einmal ..." Das können Sie auch dann sagen, wenn der andere der Anrufer war und somit die Kosten trägt. Er wird sich freuen, daß Sie Rücksicht auf seine Finanzen nehmen.

Die Körpersprache beim Telefonieren

Für den kommunikativen Erfolg ist die Körpersprache von entscheidender Bedeutung. Sie bestimmt die Stimmlage und das emotionale Ambiente des Gesprächs. Paradoxerweise verfehlt die Körpersprache auch über die Distanz ihre Wirkung nicht. An der Stimme eines Menschen lassen sich Gemütsverfassung, Stimmungslage, aber auch Aufmerksamkeit und Konzentration ablesen.
Einen sehr schlechten Einfluss auf die Telefonkommunikation hat die gern im Büro praktizierte Workaholic-Haltung: Der Telefonhörer ist zwischen Kopf und Schulter eingeklemmt, die Körperhaltung ist verspannt, was wiederum der Stimme einen unangenehmen gepressten, wenig selbstbewussten Klang gibt. Auf gar keinen Fall sollte man während eines Telefongesprächs – und wenn es noch so langatmig erscheint – gelangweilt auf der Computertastatur herumtippen. Auch wenn Sie sich dabei unbeobachtet glauben, selbst dieses leise Geräusch wird übertragen. Auf jeden Gesprächspartner wirkt das Geklapper unhöflich und unaufmerksam.

MERKE!

So können Sie vor einem wichtigen Anruf Ihre Nervosität in den Griff bekommen: Atmen Sie kräftig aus und schreiten Sie dann zur Tat. Während des Telefonats sollten Sie aufrecht sitzen, die Hörmuschel direkt am Ohr halten und laut und deutlich sprechen. Die Finger haben über der Sprechmuschel nichts zu suchen.

Niemals!

Auf gar keinen Fall, in welcher Situation auch immer, sollten Sie während eines (beruflichen) Telefongesprächs auf einem Apfel herumkauen, Kartoffelchips knabbern oder geräuschvoll Kaffee schlürfen! Dies erzeugt derart unangenehme Geräusche, als würden Sie Ihrem Gesprächspartner Sand in die Ohren streuen. Außerdem wirken Sie auf Ihren Gesprächspartner desinteressiert und gelangweilt – so, als hätten Sie überhaupt keinen Respekt vor der Person, mit der Sie sich gerade unterhalten. Unmutsäußerungen seitens der telefonisch mit Essgeräuschen Belästigten sind oft die Folge!

„Ich rufe gleich zurück!" Wie groß ist der Zeitrahmen?

Als Maßstab gelten hier die eingebürgerten Verspätungszeiten. Sie sind Gewohnheitsrecht und haben sich im alltäglichen Umgang herausgebildet.

Grundwissen

Müssen Sie für einen Kunden oder Gesprächspartner Unterlagen, Vertragsentwürfe oder Ähnliches heraussuchen, besagt das Versprechen des Rückrufes, dass man sich innerhalb der nächsten zehn bis zwanzig Minuten meldet. Ab einer halben Stunde Rückrufzeit schleicht sich langsam das Gefühl der Unhöflichkeit ein. (Ähnliche Zeitmaßstäbe gelten für die Zusage, sofort ein Fax zu senden.)
Falls Sie die benötigten Unterlagen in dieser Zeit nicht finden können, melden Sie sich trotzdem. Teilen Sie dies dem Kunden mit dem Ausdruck des Bedauerns mit und versichern Sie ihm, dass Sie sich weiter darum bemühen werden. Melden Sie sich nach einer angemessenen Zeit wieder.

Sollten Sie eine Nachricht auf Ihrem Anrufbeantworter vorgefunden haben, gelten natürlich andere Zeitmaßstäbe, aber den Rückruf sollten Sie so bald wie möglich erledigen. Eine Verzögerung könnte immerhin auch einen Auftragsverlust bedeuten. Für Kleinstbetriebe ohne ständig besetztes eigenes Sekretariat empfiehlt es sich auf jeden Fall, auf dem Anrufbeantworter auch eine Mobiltelefonnummer anzugeben, um jederzeit erreichbar zu sein.

Der Anrufbeantworter

MERKE!

Die Art und Weise, wie und was Sie auf das Tonband sprechen, ist Ihre hörbare Visitenkarte.

Als Kommunikationsinstrument ist der Anrufbeantworter heute mehr als ein technisches Zusatzgerät, er gehört vielmehr zur Grundausstattung jedes Büros.
Die Karriere des Anrufbeantworters begann spät und eigentlich überraschend. Die ersten Geräte dieser Art wurden Anfang der 60er Jahre in den USA für eine Monatsmiete von 25 Dollar angeboten. Die Nachfrage hielt sich zunächst in Grenzen. Angeblich waren ausgerechnet Fleischgroßhändler die ersten, die die Vorteile des Anrufbeantworters für sich zu nutzen wussten. Ihre Kunden konnten jederzeit anrufen und die verderbliche Ware bestellen.

In den 80er Jahren war der Anrufbeantworter zuerst noch ein elitäres technisches Kleinmöbel, das sich karriereorientierte junge Leute, Yuppies nannte man sie damals, in ihre Wohnzimmer stellten, um allzeit erreichbar zu sein. Der Anrufbeantworter galt damals neben Walkman, Schnurlostelefon und anderem elektronischen Spielzeug als Teil der Medienausrüstung des Yuppies. Heute schätzt man die praktischen Vorteile des Anrufbeantworters in weiten Kreisen der Bevölkerung.

MERKE!

Hände weg von selbst verfertigter Poesie und sonstigen Kunstformen! Sie haben auf dem Tonband nichts verloren. Auf einen Anrufbeantworter gehört eine knappe und präzise Nachricht.

Wie bespreche ich das Tonband meines Anrufbeantworters?

Der Anrufbeantworter ist ein moderner Diener. Er soll keine Kunststücke vorführen, sondern Botschaften mitteilen und speichern. „Das ist der Anschluss von ... Bitte hinterlassen Sie eine Nachricht." – „Sie haben die Nummer Frankfurt ... gewählt. Wenn Sie eine Nachricht hinterlassen wollen, sprechen Sie bitte nach dem Signalton." In dieser Art – kurz und präzise – sollte Ihre Nachricht gehalten sein. Solche Formulierungen kennt der Anrufer und spricht dann auch lieber eine Botschaft auf das Band. Je höher die Barriere durch künstlerisch gestaltete Texte, um so geringer ist die Wahrscheinlichkeit, dass Nachrichten hinterlassen werden.

Die Pflichten des Anrufenden: Wie formuliere ich die Nachricht, die ich auf dem Tonband hinterlasse?

Viele vergessen, dass sie auch als Anrufer gewisse Regeln zu beachten haben. Sie plappern drauflos und finden kein Ende. Eine Nachricht auf einem Tonband sollte so präzise sein, dass der Angerufene weiß, wer wann angerufen hat und warum.

MERKE!

Faustregel für Nachrichten auf dem Anrufbeantworter sind die drei „W": wer, wann, weshalb. Der Anrufer nennt seinen Namen, Telefonnummer, Grund seines Anrufs, Datum und Uhrzeit. Er bittet um Rückruf oder sagt, dass er erneut anrufen wird.

Ich verabscheue es, Nachrichten auf einem Tonband zu hinterlassen. Soll ich wieder auflegen, wenn ich die gewünschte Person nicht erreiche?

Viele Leute sind sauer, wenn sie auf ihrem Anrufbeantworter nur blinkende Signale und keine Nachrichten vorfinden. Es erzeugt bei ihnen unterschiedliche Gefühlslagen: von der ärgerlichen Reaktion („Was soll denn das, ich will doch wissen, wer mich angerufen hat") über Gleichgültigkeit („Sie brauchen nichts zu sagen, wenn Sie nicht wollen") bis zu Befremden und Unruhe („Merkwürdig, wer versucht denn derart oft, mich zu erreichen"). Auflegen und zu einem späteren Zeitpunkt erneut anrufen, ist sicherlich nicht die beste Methode der Kommunikation.

MERKE!

Wer einen Anrufbeantworter hat, erwartet, dass Sie eine Nachricht hinterlassen. Wenn Sie sich davor scheuen, dann üben Sie gezielt.

Wenn Sie sich davor scheuen, auf fremden Tonbändern Nachrichten zu hinterlassen, sollten Sie sich unbedingt diese einfache Kulturtechnik aneignen, da sie zum Kommunikationsstandard gehört: Ziehen Sie sich an einen Ort zurück, an dem Sie ungestört sind, nehmen Sie ein Mikrofon und einen Walkman zur Hand und üben Sie wie ein Schulkind, das den Vortrag des *Erlkönig* probt. Das ist keine Schande, sondern eine gute Übung für Ihren Auftritt am Telefon.

Sagen Sie sich die Nachricht vor: „Hier ist ... Ich rufe an, weil ich über .. mit Ihnen sprechen wollte. Ich bitte um einen Rückruf unter der Nummer ... Es ist jetzt Dienstag, der 3. Oktober, 16.00 Uhr. Auf Wiederhören."

Wenn Sie diesen Text ein paar Mal geübt haben, wird es Ihnen nicht mehr schwer fallen, eine Nachricht auf Band zu sprechen.

Grundwissen

Es ist ökonomisch und sinnvoll, Nachrichten auf Tonbändern zu hinterlassen. Man spart Zeit, Geld und Energie. Gewöhnen Sie sich an, Ihre Nachrichten auf Band zu sprechen. Vergessen Sie nicht die Bitte um Rückruf. Geben Sie Ihre Telefonnummer an. So ersparen Sie sich wiederholtes Anrufen und den Frust, immer wieder auf einen Anrufbeantworter zu treffen. Der Ball ist nun bei der angerufenen Person. Wenn Sie sich innerhalb einer bestimmten Zeit nicht meldet, weil sie vielleicht verreist ist, rufen Sie nochmals an. Kommt dann wieder keine Reaktion, hat sie vermutlich am Kontakt mit Ihnen kein Interesse.

Wie oft ändere ich Nachrichten auf dem Anrufbeantworter?
In einem amerikanischen Yuppie-Handbuch fand sich einmal die absurde Empfehlung, die Nachricht jeden Tag zu ändern. Die Begründung lautete, man könne so den Leuten zeigen, wie clever man doch sei.

MERKE!
Eine Ansage auf einem Tonband ändert man, wenn sie nicht mehr stimmt oder wenn sie einem nicht mehr gefällt.

Das Handy

Heute ist das Handy kein Statussymbol mehr, wie noch vor einigen Jahren, als die Netze noch wenig ausgebaut und die Geräte teuer waren. Vielmehr ist das Mobiltelefon dabei, ein in großen Schichten der Bevölkerung verbreiteter Gebrauchsgegenstand zu werden. Schätzungen zufolge soll es in Europa knapp nach der Jahrtausendwende rund 40 Millionen Handy-Benutzer geben.

Das Handy im öffentlichen Raum

In Opernhäusern, Kinos, Theatern, Konzertsälen, Universitätshörsälen, Kirchen usw. sollte mit Rücksicht auf die anderen das Handy ausgeschaltet bleiben. Nachrichten können auf der Mailbox hinterlassen werden. (Für technisch besonders Fortgeschrittene werden auf dem Markt bereits Handy-Warngeräte angeboten. Es sind dies zirka fünf Zentimeter große Blinker, die aufleuchten und blinken, bevor es piept.)
Immer häufiger sieht man in Restaurants und Cafés Schilder, die ein durchgestrichenes Handy zeigen. Ursache dafür sind die Beschwerden von Gästen, die diese Orte aufsuchen, um sich zu entspannen, und es als Belästigung empfinden, fremde Telefongespräche mitzuhören. Auch für den Handy-Benutzer selbst kann ein gelegentlich abgeschaltetes Handy von Vorteil sein. Es wirkt nicht

MERKE!
Die oberste Grundregel beim Handy-Gebrauch lautet: Sensibilität gegenüber anderen.

allzu souverän, wenn man beim Nobelitaliener die Saltimbocca wegen eines Anrufs stehen lässt. Insbesondere bei romantischen Verabredungen sollte das Handy im Restaurant tabu sein. „Wenn er beim romantischen Candlelight-Dinner zum Handy greift, vergeht ihr nicht nur der Appetit", urteilte die Frauenzeitschrift *Cosmopolitan*.

In England sagt man: Handys sind wie ein Talent. Wer es hat, soll es nicht protzig zur Schau stellen. (Zur der Zeit, als Handys etwas Besonderes waren, mag es ja noch verlockend gewesen sein, damit anzugeben, aber heute wirkt es veraltet und lächerlich.)

MERKE!

Im Restaurant, im Theater, in der Konferenz, in der Straßenbahn bleibt das Handy am besten ausgeschaltet. Nachrichten zeichnet die Mailbox auf.

Das Handy in Gesellschaft

Die Entgegennahme von Telefongesprächen im Beisein Dritter gilt im englischen Sprachraum als unhöflich. Bei uns ist man in dieser Hinsicht eine Spur weniger empfindlich. Die Entgegennahme von Gesprächen in Gegenwart anderer Person ist üblich, aber es ist wichtig, das Gespräch kurz zu halten und dem Anrufer mitzuteilen, man werde zu einem späteren Zeitpunkt zurückrufen.

Das Handy in Konferenzen

Nichts ist nervtötender als Handy-Geklingel bei Besprechungen und Konferenzen. Manch radikale Handy-Ablehner empfinden diese Unterbrechungen als dermaßen zeitraubend, dass sie sehr aggressiv darauf reagieren und die Handy-Benutzer in extremen Fällen als „asoziale Wichtigtuer", Störenfriede und Ähnliches bezeichnen.

Darüber hinaus leidet die oft ohnehin schon ziemlich mangelhafte Effizienz von Sitzungen unter dem permanenten Handy-Geklingel. Fredmund Malik, der Leiter des Managementzentrums St. Gallen, hat in einer Studie herausgefunden, dass 80 Prozent aller Manager der Meinung sind, mehr als die Hälfte der Sitzungen, an denen sie teilnehmen müssen, seien ineffizient und unproduktiv. Man kann sich unschwer ausrechnen, welchen Beitrag dazu noch ständiges Handy-Geklingel leistet!

Das Handy in öffentlichen Verkehrsmitteln

Auch hier ist es besser, das Handy ausgeschaltet zu lassen. Oft fühlen sich andere Fahrgäste gestört, bzw. ist es nicht immer wünschenswert, seine Gespräche in aller Öffentlichkeit zu führen. Rückzugsmöglichkeiten bieten sich hier nicht, wenn das Gespräch allzu vertraulich oder brisant wird.

Wie melde ich mich am Handy?

Es hat sich bei vielen Leuten eingebürgert, sich am Festnetz mit Namen zu melden, am Handy aber bloß mit „Hallo“. Ist man gerade unterwegs, ist dies ein legitimer Schutz der eigenen Privatsphäre. Denn es gibt keinen Grund der Umgebung mitzuteilen, wie man heißt.

MERKE!

Am Handy kann man sich zum Schutz der Privatsphäre mit „Hallo“ oder „Ja, bitte“ melden.

Gehört meine Handynummer auf die Visitenkarte?

Dies ist bei der privaten Visitenkarte nicht üblich. Meist wird sie handschriftlich hinzugefügt. Diese Geste hat eine große emotionale Bedeutung, da sie als Zeichen der Vertraulichkeit gegenüber demjenigen, dem die Karte überreicht wird, interpretiert werden kann. Darüber hinaus haben frei florierende und verfügbare Handynummern für viele Handy-Eigentümer etwas Bedrohliches: Sie fühlen sich von allen zu jeder Zeit überall erreichbar. Deshalb geht man zumeist eher sparsam mit der Bekanntgabe dieser Nummer um.

MERKE!

Die Handynummer wird auf der privaten Visitenkarte oft handschriftlich hinzugefügt – das wirkt vertraulicher! Auf die berufliche Visitenkarte gehört sie allerdings.

Was wird im Handy-Zeitalter aus der Abschirmungsformel „Der Chef ist in einer Besprechung“?

Man kann den gewünschten Gesprächspartner zumindest per Mailbox erreichen. Die Kommunikation wird dadurch direkter. Das Abschirmen von Führungskräften wirkt zudem anachronistisch in einer Zeit, in der sich Teamwork-Strukturen und „unternehmerischere“ Verhältnisse mehr und mehr durchsetzen. Chefs, die sich grundsätzlich nur von Sekretärinnen verbinden lassen und niemals selbst zum Telefonhörer greifen, verbreiten heute leicht die Aura von Arroganz. Wer aber selbst anruft und leicht erreichbar ist, signalisiert Toleranz, Kontaktfreudigkeit und Aufgeschlossenheit, – Eigenschaften, die allgemein geschätzt werden.

MERKE!

Handys transportiert man diskret und unauffällig (in der Innentasche des Sakkos, im Rucksack usw.). Bitte keinesfalls mit dem griffbereiten Mobiltelefon in der Hand stundenlang durch die Stadt laufen. Es würde kindisch und peinlich wirken!

Wie transportiere ich das Handy?

Männer: Modeexperten bezeichnen das Handy in der Innentasche des Sakkos gerne als „Handy-Beule", und dies gilt als Fauxpas. Mittlerweile gibt es bereits Sakkos mit Handy-Taschen, die sich im Innenfutter befinden.
Männer, die ihr Handy – für alle deutlich sichtbar! – in der Brusttasche des Hemdes transportieren, wirken angeberisch. Außerdem kann das Mobiltelefon leicht herausfallen und eine Kostenexplosion (man muss die Karte sperren lassen, ein neues Gerät anschaffen usw.) ist die Folge. Mit der Verbreitung der Geräte bürgert es sich mehr und mehr ein, das Handy in einer Tasche an einer Gürtelschlaufe der Hose zu befestigen. In der Handy-Frühzeit galt dies noch als unfein, heute sieht man es sehr häufig.
Frauen haben weniger Transportprobleme: Sie tragen die Handys im Rucksack oder in der Handtasche.

Das Telefax

Unter den Kommunikationsmedien ist dieses Gerät ein Veteran. Schon in den 60er Jahren des 19. Jahrhhunderts wurde das Telefax in England erfunden. 1922 konnte man bereits ein Bild von Papst Pius XI. nach England senden. Ende der 30er Jahre übermittelte der Fernkopierer Wetterkarten und Fahndungsfotos.
Heute ist das Faxgerät besonders im Geschäftsalltag ein unentbehrliches Kommunikationsmittel, auf dessen Siegeszug noch vor zwanzig Jahren niemand gesetzt hätte. Damals waren alle verrückt auf BTX und Teletext. In diesen Medien sah man die Zukunft der Kommunikationsgesellschaft: Sie sollten das Bestellen von Waren oder Dienstleistungen erleichtern.

Grundwissen

Das Fax ist eine Mischform: ein Zwitter aus Brief und Telefonat. Für halbformelle Dinge wie Einladungen zu Cocktailpartys, Vernissagen und dergleichen eignet es sich oft besser als der Telefonanruf. Ort und Uhrzeit sind schriftlich festgehalten, wodurch die Einladung per Fax weniger flüchtig wirkt als per Telefon. Mittels Fax können Sie jemandem zum Geburtstag gratulieren, zu einem Fest einladen (ein Anruf sollte folgen, das macht die Sache persönlicher), ihm einen Kurzbrief schicken, an etwas erinnern, eine kurze Anfrage senden. Manche Hotels akzeptieren Buchungen nur noch nach schriftlicher Bestätigung per Fax.

Persönliche Botschaften, an das Firmenfax adressiert, können den oder die Angesprochene(n) in Schwierigkeiten bringen und zum Gespött machen. Sie dürfen niemals an für viele Leute zugängliche Faxanschlüsse gesandt werden, sondern nur an Einzelanschlüsse. Ungeeignet ist das Fax für Beileidsbekundungen und andere Äußerungen, die einfach einer gewissen „Form“ bedürfen. Der „Arbeitskreis Umgangsformen“ des Internationalen Tanzlehrerkongresses hat übrigens auch gefaxte Wünsche zu Feiertagen als „unangebracht“ verworfen.
Das Fax sollte einen formellen Briefkopf enthalten und der Form nach ein computergeschriebener Brief sein. Ausnahme: Die Kurzmitteilung per Fax darf handschriftlich sein. Etwa: „Vertragsentwurf dankend erhalten. Beste Grüße, XY.“

Das PC-Fax

Faxe, die mittels einer entsprechenden Software direkt aus dem Computer versandt werden, setzen sich mehr und mehr durch. Sie brauchen vor dem Absenden nicht ausgedruckt zu werden und sind dadurch eine Arbeitserleichterung. Der Nachteil liegt aber in der Unpersönlichkeit dieser PC-Faxe, da sie keine persönliche Unterschrift tragen. Doch die Formen passen sich entsprechend an: Die Unterschrift wird durch einen kurzen Zusatz ersetzt.

MERKE!

Ein Fax, das direkt aus dem Computer verschickt wird, sollte mit dem Vermerk „PC-Fax, daher keine persönliche Unterschrift“ versehen werden. Dies wirkt höflicher als bloß der getippte Name.

Netiquette – Manieren im Internet

MERKE!

Geben Sie bei Chats, beim Gespräch via Computer, zu erkennen, wer Sie sind. Streuen Sie hin und wieder ein nettes Wort ein und verstören Sie andere Leute nicht mit Ihrem überbordenden Sinn für Humor und abartige Späßchen.

Das amerikanische Magazin *The Net*, das sich im Untertitel als *your cyberspace companion* empfiehlt, widmete die Titelgeschichte seiner ersten Ausgabe, die im Juni 1995 auf den Markt kam, dem Thema *Cybermanners* – Netzmanieren. „Netiquette", wie die Etikette im Internet genannt wird, bedeutet nichts anderes als die Zusammenfassung einiger Grundregeln, die helfen sollen, die anarchische Struktur des Netzwerks einigermaßen in den Griff zu bekommen. Genauso wenig wie man bestimmte Dinge im normalen Leben niemals tun sollte, etwa jemandem Zigarettenrauch ins Gesicht blasen, gibt es einige Regeln, die die Begegnungen auf dem Datenhighway möglichst kollisionsfrei und reibungslos gestalten sollen.

Niemals!

Wer unbedingt alles falsch machen will, verheddert sich beispielsweise in endlose Diskussionen darüber, ob ein Mac besser ist als ein PC, oder verwendet eine E-mail-Signatur, die länger ist als manche Botschaft. Es kommt auch nichts besonders gut an, wenn Leute sich als ein im Netz hängen gebliebenes „Ekel Alfred" präsentieren und Diskussionen an sich reißen oder Leute beschimpfen, nur weil sie einen anderen Standpunkt vertreten als sie selbst. Auch jenseits des Computers sind solche Verhaltensweisen verpönt.

Die E-mail

Die elektronische Post, die E-mail *(electronic mail)* ist, allen Statistiken und Umfragen unter Netzbenutzern zufolge, die beliebteste Funktion des Internet. Das Versenden von Nachrichten via Modem und Computer bietet viele Vorteile:

- Man spart Geld. Es ist völlig egal, an welchem geographischen Ort sich Sender und Empfänger befinden – die Kosten richten sich nach der Ortsgebühr für das Telefonieren. So kann man billig mit der ganzen Welt in Kontakt treten.

- Via Internet und E-mail bekommt man Kontakt zu Leuten, die man sonst wahrscheinlich niemals kennen lernen würde. In den USA, wo die Kommunikationsnetze viel weiter entwickelt sind als bei uns und auch die Benützung des Internet verbreiteter ist, ist es üblich, auf der Visitenkarte eine E-mail-Adresse zu haben. E-mail gehört dort fast schon zum Standard.

MERKE!

E-mails sollen kurz und prägnant abgefasst sein. Die Sprache und die Grußformeln sind salopper als bei der normalen Briefform.

Wie schreibe ich eine E-mail?

Eine E-mail ist nichts anderes als ein kurzer, elektronischer Brief. Die Anrede beginnt meist mit „Hallo“ und der Nennung des Vornamens oder förmlicher mit „Dear Sir, ...“ Dann verfassen Sie Ihre Nachricht. Wesentlich dabei ist Präzision und Kürze! E-mails sollen keine Romane sein. Die Grußformel lautet „Yours sincerely“ (förmlich) oder „Best wishes“ oder nur „Best, XY“ (salopp, vertraut).

MERKE!

Es ist empfehlenswert, bestimmte Leute, denen man eine E-mail zukommen ließ, telefonisch darauf hinzuweisen. Viele schauen selten in ihrer Mailbox nach, ob Post da ist.

Innerhalb welchen Zeitraums sind E-mails zu beantworten?

Nach Möglichkeit so rasch als möglich. Eine Verzögerung von mehreren Tagen oder gar keine Antwort zu verschicken, gilt als unhöflich. Gewöhnen Sie es sich daher an, einmal pro Tag (am besten zu einer Tageszeit, zu der die Telefontarife günstig sind), Ihren elektronischen Briefkasten zu überprüfen und nachzuschauen, ob Sie wieder Post bekommen haben.

Weitere Kommunikationsgeräte

Der Laptop

Einen Laptop sollten Sie in der Öffentlichkeit grundsätzlich nur dann benutzen, wenn Sie glaubhaft zeigen können, dass Sie wirklich arbeiten und das Gerät nicht zu reinen Dekorationszwecken mit dem Hintergedanken „Bitte, alle hersehen! Hier sitzt ein toller Typ“ aufgestellt haben. Die Glaubwürdigkeit wiederum hängt wesentlich von Situation und Ort ab:

Café, Restaurant: Wenn Sie in Gesellschaft sind, ist hier der Laptop selbstverständlich tabu. Aber auch wenn Sie alleine im Café sitzen, wirkt es wichtigtuerisch, wenn Sie auf Ihrem Laptop allzu heftig herumtippen. Zurückhaltung ist immer positiv. Es kommt relativ häufig vor, dass sich Leute durch laute Tippgeräusche gestört fühlen.

Eisenbahn, Flugzeug: Hier kann man nicht ausschließen, dass jemand tatsächlich etwas arbeitet, deshalb ein grundsätzliches Ja zum Laptop. Im Flugzeug allerdings sollten Laptops, Handys, Gameboys und andere elektronische Geräte bei Start und Landung nicht benutzt werden, weil Störungen der Navigationsinstrumente auftreten könnten.

MERKE!

Laptop-Benutzer sollten in der Öffentlichkeit Rücksicht auf andere nehmen. Gleichzeitig haben sie aber ein Recht darauf, bei der Arbeit in Ruhe gelassen zu werden.

Auch Laptop-Besitzer haben Rechte. Nämlich das Recht darauf, in Ruhe gelassen zu werden. Wenn Sie auf einem Computer schreiben, ist das im Prinzip nichts anderes, als mit Papieren zu hantieren. Ihre Mitreisenden sollten Sie in Ruhe lassen, anstatt neugierig zu fragen, was Sie denn tun.

Fotografie, Video

Das Fotografieren oder Filmen von geselligen Zusammenkünften wie Grillfesten oder Geburtstagen entspricht der alten Sitte, sich ins Gästebuch einzutragen. Beide Male wird ein Stück Erinnerung produziert. Hüten Sie sich aber davor, Leute ungefragt zu fotografieren oder die Videokamera auf sie zu richten. Dies mögen nur die wenigsten, schließlich hat jeder ein Recht auf Privatsphäre.

Der tragbare CD-Player, der Walkman

Dieses Gerät ist ein privates Unterhaltungsmedium. Die Geräusche, die er produziert, sind dementsprechend nur für einen selbst und nicht für fremde Ohren bestimmt. Diese Geräte sind mit Lautstärkereglern ausgestattet, die auch benützt werden sollten. Schließlich möchte keiner unfreiwillig den Lärm mit anhören, mit dem fremde Menschen sich beschallen lassen.

Schreiben und kennen lernen

Der Brief

Ein Telefonanruf, eine Faxnachricht, eine E-Mail, eine Postkarte oder ein Brief sind Kommunikationsformen. Jede davon verfügt über eine eigene Signalwirkung. Fax und Telefon sind im Gegensatz zum Brief schneller, direkter, aber auch unverbindlicher.

Grundwissen

Die freudigen und traurigen Ereignisse des Alltags verlangen die schriftliche Form: Einladungen zu Geburtstagsfesten, Hochzeitsanzeigen, die Geburt eines Kindes, Beileidsbekundungen, Dankschreiben. Der Brief ist ein förmliches Kommunikationsmittel. Er ist immer dann am Platz, wenn bestimmte Regeln von Distanz und Höflichkeit eingehalten werden müssen. Ein Brief hat mehr Gewicht als ein schneller Telefonanruf.

Das Briefpapier

Ausgefallen gestaltetes Briefpapier mit Goldrand, Blümchenmuster oder Parfumduft sind meist zu viel des Guten. Understatement ist besser als Aufdringlichkeit: Am besten geeignet ist glattes, weißes, holzfreies Papier im Format Din-A-4 (100 Gramm) und dazugehörige weiße, undurchsichtige, gefütterte Kuverts im Normal- oder Längsformat. Sichtfenster ersparen in Zeiten des computergeschriebenen Briefs Arbeit. Man muss die Anschrift nicht noch einmal (handschriftlich) auf das Kuvert schreiben.

MERKE!

Es gehört zur Etikette, eigenes, gut gestaltetes Briefpapier zu besitzen. Dies macht größeren Eindruck als ein handgeschriebener Zettel.

Der Briefkopf

Vor noch nicht allzu langer Zeit ließ man sich sein persönliches Briefpapier in der Druckerei herstellen. Üblicherweise stand der Name des Absenders gedruckt in der linken oberen Ecke des Briefbogens. Er sollte unauffällig und in kleinem Schriftgrad gesetzt sein. Rechts auf dem Bogen standen Adresse und Telefonnummer. Es empfiehlt sich auch heute noch, im Zeitalter des Computers, individuell gestaltetes Briefpapier zu verwenden. Dies wird als Zeichen für Stil und Kultur gewertet.

MERKE!

Für den am Computer gestalteten Briefkopf gelten die gleichen Regeln wie für gedrucktes Briefpapier. Der Briefbogen enthält: in der Kopfzeile Name, Adresse, Telefonnummer, Faxnummer, E-Mail-Adresse; in der Fußzeile die Bankverbindung.

Aus Gründen des Selbstmarketings und der Optik ist es empfehlenswert, die Gestaltung einem Grafikbüro zu übertragen. Meistens wird der Briefkopf jedoch aus Kostengründen „hausgemacht". Nachteil: Aufgrund mangelnder Fachkenntnisse sehen solche Briefbögen gelegentlich laienhaft aus. Auf grafische Elemente wie Logos, besondere Schrifttypen etc. wird mangels Möglichkeiten verzichtet.

Tonlage, Stil und Gestaltung eines Briefes

Welche Arten von Briefen gibt es?

Man unterscheidet zwischen dem persönlichen Brief (in herzlichem Stil gehalten, handschriftlich oder Textkörper am Computer erstellt mit handschriftlicher Anrede und Grußformel) und dem Geschäftsbrief (förmlich, nicht handschriftlich). Zu den persönlichen Briefen zählen die Korrespondenz mit Freunden, von denen man lange nichts gehört hat, Geburtstagskarten, Weihnachtsgrüße, Antwortschreiben auf eine Kontaktanzeige, Liebesbriefe und Kondolenzschreiben. Zu den Geschäftsbriefen gehören die Bewerbung, das Angebot, Mahnungen und Zahlungsaufforderungen. Auch Einladungen zu Parties, Vernissagen, Geschäftseröffnungen haben einen offizielleren Charakter und richten sich zumeist an einen größeren Personenkreis. Daher sollten sie formeller (am PC) abgefasst sein.

MERKE!

Bei freudigen, glücklichen, aber auch traurigen Mitteilungen ist der handschriftliche Brief einprägsamer, persönlicher und wirkungsvoller als ein schnell auf dem Computer heruntergetipptes Schreiben.

Wann ist ein handschriftlicher Brief angebracht?

Handschriftliche Mitteilungen haben eine sehr persönliche Note. Auf diese Weise möchte man dem Adressaten seine Gefühle und Empfindungen mitteilen.

Der „Fachausschuss für Umgangsformen", ein offizielles Gremium zur Pflege der Etikette, dem Vertreter aus Diplomatie und Tanzlehrerverbänden angehören, empfiehlt, Kondolenzbriefe, Glückwunschschreiben zu Eheschließungen, Taufen usw. handschriftlich zu verfassen. Die Schrift muß natürlich leserlich sein. Auch bei Liebesbriefen und Antwortschreiben auf Kontaktanzeigen macht sich die handschriftliche Form besser.

Wann ist der handschriftliche Brief deplaziert?

Im Geschäftsleben haben unleserliche handschriftliche Mitteilungen nichts zu suchen. Die Entzifferung dauert viel zu lange, sie ist mühsam und gelingt zuweilen gar nicht. Solche Briefe wirken dilettantisch und unprofessionell.

In der Praxis kommen sie aus unerklärlichen Gründen immer wieder vor. Es gibt tatsächlich Firmen mit Public-Relations-Leuten, die handschriftliche Pressemitteilungen verschicken. Die einzige Reaktion, die man mit einer solchen „PR-Maßnahme" erzielt und verdient, ist Gelächter.

Welche Vorteile hat der am PC verfasste Brief?

Der computergeschriebene Brief ist leserfreundlich. Deshalb erfreut er sich großer Beliebtheit. Man kann ihn schnell überfliegen und muss sich nicht mit schwer lesbaren Handschriften herumplagen (dies kostet Zeit!). Der Nachteil des computergeschriebenen Briefs ist, dass er oft unpersönlich wirkt. Dieser Eindruck wird gemildert, indem man den am PC verfassten Text um handschriftliche Anmerkungen ergänzt. Auch in Europa wird die „amerikanische Methode" immer beliebter: Man fügt zum Computerausdruck (Brieftext) Anrede und Grußformel handschriftlich hinzu.

MERKE!

Mischvarianten aus computererstelltem Text und handschriftlichem Zusatz (Anrede, Grußformel und persönliche Ergänzungen) erfreuen sich immer größerer Beliebtheit.

Anredeformeln im Brief

- **Die förmliche Anrede**
  Sehr geehrte Frau Schmidt,
  Sehr geehrter Herr Kleinhuber,

- **Die freundschaftliche, aber förmliche Anrede (bei Personen, die man persönlich kennt oder zu denen man näheren beruflichen Kontakt hat)**
  Liebe Frau Schmidt,
  Liebe Susanne Schmidt, (jovialer, noch freundschaftlicher im Ton)

- **Anrede bei Personen, die einen Titel führen**
  Sehr geehrter Herr Dr. Schmidtchen,
  Sehr geehrter Herr Schmidtchen, (wenn man den Adressaten näher kennt)

Niemals!

Sehr geehrter Herr Doktor/Herr Professor, – die Anrede nur mit Titel, ohne Hinzufügung des Namens, ist nicht korrekt.

- **Die Anrede bei älteren Personen, denen man seine Ehrerbietung und Hochachtung bekunden will**
  Sehr verehrte Frau Müller,
  Sehr verehrter Herr Maier,

MERKE!

Bei Personen, die man persönlich kennen gelernt hat und sympathisch findet, ist die Anrede „Sie" und „Liebe Frau Müller" gebräuchlich geworden statt des förmlicheren „Sehr geehrte Frau Müller". Ansonsten wird das förmlichere „Sehr geehrte(r) ..." verwendet.

- **Die persönliche Anrede (Freund, Freundin, Verwandte)**
  Lieber Thomas,
  Liebe Caroline,
  Liebe, liebste Agnes,
  Mein lieber Maximilian,
  Der persönlichen Phantasie sind hier keine Grenzen gesetzt und Förmlichkeiten weitgehend aufgehoben: Das Spektrum der Anreden reicht von „Mein lieber Freund" (alte Freunde) bis zu „Mein Zuckerschatz" (Verliebte).

- **Veraltete Anreden**
  Werte Frau Doktor,
  Werter Professor,

Die äußere Form eines Briefes

Adressat: Hier steht der Name oder die Firmenbezeichnung. Darunter die Adresse. Nicht: „An die Bundespolizeidirektion", sondern „Bundespolizeidirektion".

Datum: Hier sind mehrere Schreibvarianten, die unterschiedliche Signalwirkung haben, möglich:

konventionell: 12. Januar 1998 (stilvoll)
kürzer: 12.1.98 (wirkt amtlich)
modern: 12/01/98
amerikanisch (hier wird der Monat vorgestellt): 01/12/98
Gegenstand des Briefes: Die Zeile, die den Anlass des Briefes angibt, wird heute fett markiert oder auf andere Weise hervorgehoben. Der früher übliche Hinweis „Betrifft: ..." gilt als altmodisch.
Grußformeln: „Mit freundlichen Grüßen ..." Nicht mehr zeitgemäß ist hingegen: „Mit vorzüglicher Hochachtung..." bzw. „Hochachtungsvoll ...".
Anrede: Nach der Anrede steht heute kein Ausrufezeichen mehr, sondern ein Komma.

MERKE!

„Betrifft: ..." schreibt man nicht mehr!

Beispiel für einen korrekt gestalteten Brief

Grundwissen

Dr. Stefan Müller

60159 Frankfurt
Güterweg 17
Telefon ... Fax ...

Hotel Borkenhof
Fasanenstraße ...
10... Berlin

Frankfurt, 12. Januar 19...

Hotelprospekt

Sehr geehrte Damen und Herren,
ich bitte um Zusendung eines Hotelprospekts und einer Preisliste.

Mit freundlichen Grüßen

Die Visitenkarte

MERKE!

Hausbesuche sind aus der Mode gekommen, Visitenkarten nicht. Im Gegenteil: Eine gedruckte Visitenkarte zu besitzen, gehört zu den Grundregeln moderner Umgangsformen.

Früher gehörte die Visitenkarte zum Ritual der Anstandsvisite. Man gab sie ab, wenn man im Rahmen der festgelegten Besuchszeiten einen Höflichkeitsbesuch abstattete. Das Dienstmädchen nahm die Visitenkarte auf einem Silbertablett entgegen und entschwand in die Gemächer der „Gnädigen Frau", um zu melden, dass Herr von Buxtehude seine Aufwartung zu machen wünsche.

Auch heute noch erweckt die Visitenkarte einen guten Eindruck. Der handgeschriebene Zettel und umständliches Suchen nach einem Kugelschreiber – „Moment, ich schreibe Ihnen schnell meine Telefonnummer auf" – gilt als nicht auf der Höhe der Zeit.

Die Gestaltung der Visitenkarte

Grundwissen

Die private Visitenkarte enthält
- Name
- Berufsbezeichnung
- Adresse
- Telefon, Fax

Die Firmenkarte enthält (bei Angestellten)
- Akademischer Grad, Name
- Funktion
- Firmenname
- Adresse
- Telefon, Handy, Fax, E-Mail-Adresse

Die Firmenkarte enthält (bei Selbstständigen und Kleinunternehmen)
- Firmenlogo, Firmenbezeichnung
- Name
- Adresse
- Telefon, Fax, E-Mail-Adresse, gegebenenfalls Web-Site

Klarheit, Verständlichkeit und Einfachheit sind bei der grafischen Gestaltung der Visitenkarte geboten. Vorsicht vor schrillem Design! Das ist längst wieder aus der Mode. Bemüht aufwendig und „künstlerisch“ gestaltete Karten wirken angeberisch und übertrieben. Man gerät leicht in den Verdacht der Unseriosität.
Der „Arbeitskreis Umgangsformen“ des Internationalen Tanzlehrerkongresses ächtet beispielsweise Visitenkarten mit Bild. Dabei galten sie noch vor wenigen Jahren als der letzte Schrei. Bei Karten ohne Bild erspart man sich außerdem hämische Kommentare wie: „Ach, vom Bild her hätte ich Sie jetzt gar nicht erkannt!“ – „Auf der Karte sehen Sie ganz anders aus!“ Solche Bemerkungen bedeuten „übersetzt“ nichts anders als: „Wo haben Sie denn dieses geschönte Bild aufgetrieben? In Wirklichkeit sind Sie doch viel hässlicher!“

Die Visitenkarte ist ein Aushängeschild. Mit ihrer Gestaltung setzen Sie Signale.

- Die Angabe einer E-Mail-Adresse weist einen, wie vor kurzem noch die Faxnummer, als Menschen aus, der mit den modernen Kommunikationstechnologien vertraut ist. Ihre Funktion ist die eines Signals: die Angabe der E-Mail-Adresse ist ein Imagefaktor.
- Das gleiche gilt für die Angabe der Web-Site, der Adresse, unter der man über das Internet zu erreichen ist.
- Sehr modisch ist es derzeit, statt Tel. vor die Telefonnummer „Fon“ zu schreiben.
- Das übliche Kartenformat ist ein Querformat. Es wirkt seriöser und eine Spur biederer als ein schmales Längsformat.
- Vorsicht bei Karten aus dem Copy-Shop oder gar aus dem Print-Automaten. Lieber Geld in eine gedruckte Karte investieren, als eine allzu billige Karte herumzureichen. Der Qualitätsunterschied wirkt besonders seltsam, wenn der Text auf der Karte voll klingender Berufsbezeichnungen und akademischer Titel ist.

MERKE!

Die Visitenkarte ist ein Aushängeschild. Sie sollte ebenso sorgfältig und durchdacht gestaltet sein wie das persönliche Briefpapier. Achten Sie auf gute Druckqualität.

Handhabung der Visitenkarte

MERKE!

Die Visitenkarte enthält Ihre persönlichen Angaben! Geben Sie sie nicht unüberlegt weiter.

- Man gibt die Visitenkarte nur dann her, wenn es sinnvoll ist und eine weitere Verbindung erwünscht ist. Wer bei jeder Gelegenheit die Karte zückt, wirkt unweigerlich wie ein Angeber.
- Bei beruflichen Anlässen (Verabredungen, Essen) werden zumeist die Karten vor der Verabschiedung getauscht. Es gibt aber auch die umgekehrte Variante, wo die Karten das Begrüßungsritual begleiten und gleich zu Anfang überreicht werden.
- Bei privaten Begegnungen geben Sie Ihre Karte nicht leichtfertig weiter. Überreichen Sie sie nur Personen, von denen Sie angerufen werden wollen. So kann man sich Belästigungen ersparen. Sollten Sie in die Situation kommen, dass jemand Ihre Telefonnummer möchte und Sie sie aber nicht nennen wollen, sagen Sie: „Ich habe gerade keine Karte dabei. Ich rufe Sie an." Sie sind nicht verpflichtet, dies auch zu tun.

Die Anrede

Du oder Sie?

MERKE!

Die Anrede Du ist persönlich, kumpelhaft, unverbindlich. Die Anrede Sie wirkt förmlich und distanzierter.

Manche Sprachen wie das Englische oder Schwedische kennen die Unterscheidung zwischen Du und Sie nicht. Für deutsch sprechende ist sie eine Selbstverständlichkeit. Durch die unterschiedlichen Wertigkeiten der Anrede Du bzw. Sie entsteht oft Unsicherheit und Verwirrung.

Die Steifheit und Förmlichkeit der etablierten Umgangsformen war eine der Zielscheiben der anti-autoritäten Bewegung, die sich in den 60er und 70er Jahren ausbreitete. Die Anrede Du wurde als Ausdruck von Gleichheit, Unmittelbarkeit und Offenheit dem förmlichen Sie vorgezogen. Heute ist das Du allgegenwärtig geworden. So werden in vielen Talk-Shows die Gäste – egal, wie alt sie sind, ob 15 oder 75 – selbstverständlich geduzt. Das allgegenwärtige Du stößt nicht überall auf Anerkennung. Viele Leute können es nicht leiden, wenn sie von wildfremden Menschen ohne Umschweife geduzt werden. Viele Lehrer haben es zutiefst bedauert, ihren Schülern aus lauter antiautoritärer Begeisterung leichtfertig das Du angeboten zu haben. In vielen Betrieben hat sich das Du für jedermann als Fehlgriff erwiesen. Manche Chefs haben den Wegfall der Distanz ausgenützt und sich verbale Übergriffe gegenüber ihren Angestellten herausgenommen. „Bist du blöd oder was?" sagt sich leichter als „Herr Schmidt, ich glaube, Sie sind für die Auftragsabwicklung zu dumm." Andererseits ist auch ein Chef, der sich duzen lässt, noch lange kein Kumpel.

Man muss es ja nicht so halten wie das berühmte französische Dichterpaar Jean-Paul Sartre und Simone Beauvoir, die sich auch nach jahrzehntelanger Bekanntschaft (in der Öffentlichkeit) siezten. In der französischen Oberschicht war es früher üblich, dass sich sich Ehepaare siezten und Kinder zu ihren Eltern Sie sagten.

Lotte Tobisch, die langjährige Chefin des Wiener Opernballs und zweifellos eine Autorität in klassischer Etikette, hat die Sache mit dem Siezen einmal so auf den Punkt gebracht: „Mit Leuten, die ich nicht gut kenne, bin ich lieber per Sie. Wegen der Distanz. Was bringt eine Fraternität, die im Grunde keine ist?" Da hat sie Recht.

MERKE!

Zu Leuten, die man nicht kennt, sagt man grundsätzlich Sie. Halten Sie Abstand zu Ihrem Nächsten! Das Du ist eine Medaille, die Sie an diejenigen vergeben, die Sie besser kennen als den Rest der Menschheit!

Die Gegenbewegung ist längst im Gang. Die Abkehr vom allgegenwärtigen Du ist überall zu spüren. Es wird wieder zwischen Du und Sie differenziert. Ausnahmen: Unter Kindern, unter Jugendlichen auf dem Schulhof, auf einer Party unter Freunden, wo alle sich duzen, ist das Du selbstverständlich. Aber auch bei einer Einladung unter Bekannten kann es nicht schaden, wenn man Leute, die man nicht kennt, zuerst siezt.

Wer bietet wem das Du an?

Die klassische Etikette kennt dafür eindeutige Regeln und Rangordnungen. Sie erscheinen uns heute teilweise überholt und zu hierarchisch. Es schadet aber nicht, die Grundstrukturen der Etikette zu kennen. Wenn man unsicher ist, kann man darauf im Zweifelsfall zurückgreifen. Um die Regeln, die für Vorstellen, Begrüßen, das Anbieten des Du und ähnliche Fälle aufgestellt wurden, zu verstehen, muss man ein bisschen weiter ausholen und das alte Etikette-Prinzip der Ranghöhe ins Spiel bringen.

Sehr viele Regeln des guten Benehmens basieren auf dem Prinzip der Ranghöhe – ein für uns heute veraltet klingender Begriff, der auf den höfischen Ursprung der Etikette zurückverweist. Den Begriff „Etikette" verdanken wir dem französischen König Ludwig XIV., dem Sonnenkönig. Dazu wird folgende Geschichte überliefert:

MERKE!

Viele Regeln des guten Benehmens basieren auf dem Prinzip der Ranghöhe und haben auch in der demokratischen Gesellschaft noch Gültigkeit.

Eines Tages ließ der König im Schlosspark von Versailles kleine Schildchen aufstellen mit der Aufforderung, den Rasen nicht zu betreten. Die Höflinge hielten sich nicht daran. Der Sonnenkönig erließ deshalb ein Dekret mit dem Wortlaut: „Jedermann muss sich an die Etiketten halten." Das Wort wurde später auch für andere Benimmvorschriften benutzt und hat so seine Bedeutung für Umgangsformen bis heute bewahrt.

Das Prinzip der Ranghöhe, das in der Geschichte der Umgangsformen vor allem im europäischen Kulturkreis eine große Rolle spielt, basiert auf der hierarchischen Organisation der Gesellschaft.

Teamwork, das weit verbreitete Du, partnerschaftliches Handeln – all diese Begriffe, die heute in aller Munde sind, waren lange Zeit unbekannt. Es galt als selbstverständlich, dass es Leute gab, die anderen übergeordnet und somit ranghöher waren. Jeder Herrscher hatte seine Untertanen und Vasallen, die ihrerseits wieder Höflinge, Dienerschaft und Fußvolk hatten, das zu ihnen aufzublicken hatte.

Eine Ausnahme in diesen feudalistisch geprägten Hierarchie bildeten die Frauen. Etikette hatte historisch unter anderem den Sinn, Frauen zu umsorgen und zu beschützen. (Heute ist dies nicht mehr unbedingt zeitgemäß.) Der Mann war zur Ableistung von Minnediensten (in den Mantel helfen, das Essen bestellen usw.) eingeteilt und deswegen als rangniedriger eingestuft. Außer dem Recht hofiert zu werden, besaß die „ranghöhere" Dame allerdings früher wenig gesellschaftliche Rechte.

Grundwissen

Als „ranghöher" im Sinne der Umgangsformen gelten heute: Vorgesetzte, ältere Personen und Frauen gegenüber Männern. Die Ranghöheren bieten das „Du" an, und zwar

- der Ältere dem Jüngeren
- die Ältere der Jüngeren
- der Chef dem Untergebenen/Angestellten
- die Frau dem Mann
- der Mann der Frau, wenn er gesellschaftlich weit über ihr steht

„Die Dame darf dem Herrn niemals das Du-Wort anbieten. Der Herr hat von der Dame das Du-Wort zu ‚erbitten'". So steht es noch bei Frau von Pappritz, die als die Benimmexpertin der Adenaueräara galt. Eine Ausnahme bildete nur das Verhältnis Schwiegermutter-Schwiegersohn, denn wenn Erwachsene einander das Du anbieten, geht dies stets vom „Würdigeren, Älteren, Vorgesetzten" aus.
Heute ist – im privaten Umgang – die Rangordnung ohne Bedeutung. Man spürt in einer Situation, ob der Übergang vom Sie zum Du richtig ist. Nach emotionaler Prüfung der Situation sagt man: „Ich glaube, wir können Du zueinander sagen." Moderne Männer wissen oft gar nicht, dass sie eigentlich warten müssten, bis ihnen das Du von der Dame angeboten wird, sondern sind, besonders wenn ihnen eine Frau gefällt, sehr darauf erpicht, die Situation vertrauter werden zu lassen: „Ich bin übrigens der Alex."

MERKE!

Nach den Regeln der klassischen Etikette wird das „Du" angeboten. Der oder die „Ranghöhere" bietet es dem oder der „Rangniedrigeren" an.

Jemand, an dem mir nicht besonders viel liegt, hat mir das Du angeboten. Darf ich es ablehnen?

Nicht direkt. Eine Zurechtweisung wie „Hören Sie mal, für Sie bin ich immer noch Herr Pfeifenschneider" ist nicht gerade höflich. Wenn man von bestimmten Leuten, weil man sie nicht so sympathisch findet und daher diese Art der Vertraulichkeit nicht möchte, nicht geduzt werden will, bleibt nur die Taktik der Verweigerung und der Beharrlichkeit. Man tut einfach so, als hätte man das Du gar nicht gehört und sagt weiterhin: „Frau Schüchtermann, worauf ich Sie noch einmal hinweisen wollte ..." Hilft auch das nichts, bleibt nichts anderes übrig, als sich distanziert zu geben.

Gibt es das Bruderschaftstrinken noch?

Das Unterhaken und Küsschengeben wird heute als eher peinlich und als Altherrensitte empfunden. Ein Du wird durch einfaches Anstoßen besiegelt.

Niemals!

Sprechen Sie Zeitungs- oder Rosenverkäufer in Lokalen oder ausländische Taxifahrer nie mit einem herablassenden Du an. Manche Leute glauben, durch diese unangenehme Variante des Du, ihre Verachtung gegenüber anderen ausdrücken zu müssen. Wem diese Form der Missachtung begegnet, sollte den verletzenden Zeitgenossen bestimmt zurechtweisen: „Für Sie bin ich Herr ..."

MERKE!

Ein in fröhlicher Ausgelassenheit angebotenes Du kann man nur in ein Sie zurückverwandeln, indem man so tut, als habe es diese Vertraulichkeit nie gegeben.

Kann ich ein unüberlegtes Du in Sie zurückverwandeln?

Genau genommen nicht. Im Alltag wird dies aber lockerer gehandhabt. Ein Du, das in einer Situation entstand, in der die Kontrollinstanz Vernunft – meist durch die Einwirkung von Alkohol – außer Kraft gesetzt war (bei einer Betriebsfeier, einer feuchtfröhlichen Party), können Sie leicht rückgängig machen. Das einmal im Vollrausch angetragene Du kann in nüchternem Zustand ohne weiteren Kommentar wie von selbst in ein Sie rückverwandelt werden. Es herrscht in solchen Situationen stillschweigendes Übereinkommen darüber, dass die Vertraulichkeit einer Situation entstammt, die nicht alltäglich war, und man geht, als wäre nichts gewesen, darüber hinweg. Schließlich möchte niemand die Peinlichkeiten, die er in etwas „unklarem" Zustand beging, vorgehalten bekommen.

Die Begrüßung

Der psychologische Sinn des Grüßens liegt im Aggressionsabbau. Der Gruß signalisiert: Ich bin ein Freund, ich will niemandem etwas antun. Er hat eine beschwichtigende Funktion und kann eine Situation entspannen. Beispiel: Der Wald gilt als finsteres, unsicheres Terrain. Zahlreiche Märchen zeugen davon: Man denke an Hänsel und Gretel, die sich im dunklen Wald verirren. Wenn Fremde einander im Wald begegnen, ist es heute noch üblich, dass sie einander grüßen. Der Gruß besagt: Vor mir braucht man keine Angst zu haben, ich stelle keine Bedrohung dar.

MERKE!

Ein Gruß signalisiert Aggressionsfreiheit. Er ist eine Geste der Freundlichkeit.

Früher grüßte man mit vornehmer Zurückhaltung. Man grüßte durch Neigen des Kopfes und gegebenenfalls des Oberkörpers. Auf der Straße grüßte der Herr, indem er den Hut abnahm. Falls er eine Droschke lenkte, grüßte er durch Senken der Peitsche.

Im alten Ägypten begrüßten die Untertanen ihren Herrn, indem sie sich vor ihm auf den Boden warfen. Die kostbare Erde, über die seine Füße gegangen waren, berochen und küssten sie. Als besondere Gunst galt es, die Füße des Königs küssen zu dürfen.

MERKE!

Im Alltag denkt man im Allgemeinen nicht über Ranghöhen nach, sondern es gilt: Wer den anderen zuerst sieht, grüßt zuerst.

Viele Naturvölker glauben, dass der Begrüßte mit einer vom Grüßenden stammenden Substanz in Berührung kommen soll, etwa indem man den Begrüßten anspuckt oder vor dessen Füße spuckt. Von den Eskimos ist der Speichelgruß bekannt. Fremde wurden, so berichten es Verhaltensforscher, mit einem Ritual begrüßt, das uns unappetitlich erscheint. Die Eskimos spuckten in die Hände und fuhren dem Fremdling damit einige Male übers Gesicht.

Das moderne Grüßen spielt sich als lebhaftes Ritual – „Hallo! Lange nicht gesehen“ – oder als mehr oder minder herzliche Bussi-Bussi-Begrüßung ab. Daneben hat der traditionelle förmliche Händedruck, der von einem höflichen „Guten Tag“ begleitet wird, seine Gültigkeit bewahrt. Unser Händedruck geht übrigens auf den altgermanischen Brauch zurück, die (kriegerische) Schwerthand des Gegenübers zu ergreifen.

Wer grüßt wen zuerst?

Wieder entscheidet die Rangordnung, ein altes Prinzip der Etikette. Der Ranghöhere ist immer der Ältere, die sozial höher gestellte Person oder die Frau, weil sie in der Geschichte der Etikette vom Mann beschützt und wie eine „hohe Frau" des Mittelalters behandelt wird.

Grundwissen

Nach der traditionellen Etikette gilt: Immer sollte der Rangniedrigere den Ranghöheren zuerst grüßen – der Schüler den Lehrer, der Angestellte den Chef, der Herr die Dame, der Student/die Studentin den Professor (eigentlich ist die Dame die Ranghöhere, in der Hierarchie ist aber natürlich der Professor weit über den Studenten angesiedelt).
Die Hand zur Begrüßung reicht aber der Ranghöhere, denn nach der Logik der Rangordnung dominiert er die Situation.
Nach der modernen Etikette gilt weiterhin die hierarchische Variante, wonach der Angestellte den Chef zuerst zu grüßen hat. In anderen gesellschaftlichen Situationen ist die Frage der Rangordnung zumindest zweitrangig.

MERKE!

Als ranghöher im Sinne der Etikette gelten: ältere Menschen gegenüber jüngeren, Chefs/Chefinnen gegenüber Untergebenen, Lehrer gegenüber Schülern und Schülerinnen, Professoren gegenüber Studierenden.

Ein Tipp für Männer: Verwerfen Sie die alten Regeln nicht vorschnell. In der Praxis ranken sich um das Thema der Damen-Etikette mehr Probleme, als man annehmen möchte. Nicht wenige moderne Frauen empfinden es als Affront, wenn ein Mann sie nicht zuerst grüßt oder vor ihnen im Lokal bestellt. Bevor Sie den Sensibilitätsgrad einer Frau in Sachen Etikette kennen, hüten Sie sich vor allzu legeren Umgangsformen. Spielen Sie im Zweifelsfall lieber den Kavalier. Es erhöht Ihre Erfolgschancen.

Empörend! Dieser Mensch grüßt mich nie!

Absichtliches Nicht-Grüßen ist ein Dauerbrenner der Etiketteverletzungen. Jemanden zu übersehen oder einen Bekannten anzuschauen, als ob man ihn noch nie zuvor gesehen hätte, ist ein Zeichen von Respektlosigkeit. Das gezielte Nicht-Grüßen ist entweder ein Zeichen von Hochmut oder Unsicherheit. Es kämen auch noch extreme Kurzsichtigkeit oder schlechtes Personengedächtnis als Erklärungen in Frage. In der Praxis handelt es sich meist um ein Zeichen von Arroganz. Es bedeutet: Du bist nicht wichtig genug, dass ich dich wahrnehme. Du bist Luft für mich.

Wie reagiere ich auf notorische Nicht-Grüßer?

- Man kann sie demonstrativ freundlich grüßen. Dies ist meist nicht sehr befriedigend.
- Man kann es ihnen mit der Methode „Dann bist du eben auch Luft für mich" heimzahlen. Meistens bringt auch das nicht sehr viel Genugtuung.
- Keinesfalls sollte man solche Leute zur Rede stellen und ihnen zeigen, dass ihr Verhalten kränkend ist. Sie sind es meistens nicht wert, dass man ihnen so viel Aufmerksamkeit schenkt.

Wer grüßt im Geschäft zuerst – Kunde/Kundin oder Verkäufer/Verkäuferin?

Nach dem Prinzip der Rangordnung sind die Kunden diejenigen, die bereit sind, Geld auszugeben, sodass der Verkäufer oder die Verkäuferin zuerst grüßen müssten. In der Praxis sagt man jedoch beim Betreten eines Ladens „Guten Tag", wie man es auch beim Betreten eines Raumes zumeist tut.

Grüßt man immer, wenn man einen Raum betritt?

Eigentlich schon. Man denke an die oben (Seite 39) skizzierte psychologische Wirkung. Wer stumm ein Büro betritt, dem schlägt gespannte Atmosphäre entgegen. Die eintretende Person wirkt wie eine Art „Eindringling" in ein bestimmtes soziales Umfeld. Dagegen leitet ein Gruß problemlos die weitere Kommunikation ein. Grundsätzlich sollte man lieber einmal zu oft als einmal zu wenig grüßen. Es kostet nichts und man wirkt sympathisch.

MERKE!

Lieber einmal zu oft, als einmal zu wenig grüßen. Beim Betreten fremder Büros, wenn man die Portierloge passiert, im eigenen Wohnhaus: Grüßen ist besser als schweigen. Einen schlechten Ruf hat man schnell.

Alltagssituationen: Gruß ja oder nein?

Schwieriger wird es in anonymen Umfeldern wie Hotels oder Fitnessstudios. Hier kann man nach Situation entscheiden. Wenn man beispielsweise fremden Leuten auf dem Gang eines Hotels begegnet, kann, aber muss man sie nicht grüßen. Ebenso, wenn man jemanden zufällig beim Lift trifft. Grüßen ist angenehmer und schafft eine bessere Atmosphäre. Aber es gibt natürlich Leute, die so grimmig und abwehrend dreinschauen, dass man sich bei einem Gruß komisch vorkäme.

MERKE!

Auf der Straße werden im Winter bei einer Begrüßung die Handschuhe anbehalten.

Muss ich (im Winter) die Handschuhe bei der Begrüßung ausziehen?

Grundsätzlich nein, egal, ob Mann oder Frau. Die Benimmliteratur führt vornehmlich „gesundheitliche Gründe“ dafür an. In der Winterkälte seien bloße Hände unzumutbar! In geschlossenen Räumen zieht man den rechten Handschuh bei der Begrüßung aus. Aber wer außer Königin Elizabeth trägt schon in geschlossenen Räumen Handschuhe?

MERKE!

Herren stehen bei der Begrüßung immer auf. Damen müssen aufstehen, wenn Sie ältere oder würdigere Damen begrüßen.

Wann stehe ich auf beim Grüßen?

Nach der klassischen Etikette stehen die Herren immer auf, egal ob sie Herren oder Damen begrüßen. Damen stehen auf, wenn sie ältere oder würdigere Damen begrüßen. Früher rieten die Benimmbücher dazu, bei der Begrüßung eines Herrn auf jeden Fall sitzen zu bleiben, weil es sonst peinlich wirke.

Die modernen Umgangsformen gehen mit derlei Regeln lockerer um. Verschiedene Varianten sind – je nach persönlicher Vorliebe oder Situation – üblich: Manche Frauen halten sich gerne an die traditionelle Etikette und bleiben bei Begrüßungen und Verabschiedungen sitzen und reichen mehr oder minder huldvoll die Hand. Andere wiederum finden es zu aristokratisch, wenn sie bei den Grußritualen sitzen bleiben. Sie stehen auf wie die Männer. Und beim Bussi-Bussi-Ritual muss man sowieso aufstehen. Sonst funktioniert es nämlich nicht.

Wann gebe ich jemandem zur Begrüßung die Hand?

Ein gekonnter Händedruck drückt Distanz und Höflichkeit aus. Der Handschlag ist eine Bekräftigung und demnach bei außergewöhnlichen Begegnungen und Ereignissen angebracht. Jemanden, den man jeden Tag im Büro sieht, wird man nicht allmorgendlich per Handschlag begrüßen.

Mit einem Händedruck wird jemand begrüßt, der einem gerade vorgestellt wurde. Auch bei Einladungen im kleineren Kreis begrüßen die einzelnen Gäste einander per Handschlag. Amerikaner sind durch die europäische Kultur des Händegebens gelegentlich befremdet. Asiaten pflegen diese Kultur nicht: Man begrüßt einander durch eine leichte Verbeugung und nicht per Handschlag.

MERKE!

Übertreiben Sie es mit dem Händedruck nicht. Wägen Sie die Situationen sorgfältig ab und setzen Sie den Händedruck eher selten, aber gezielt ein.

Wer gibt wem die Hand zuerst?

Die Prinzipien der Ranghöhe treten in Kraft. Nach der traditionellen Rangordnung sollte die Dame als Höhergestellte dem Herrn die Hand hinstrecken. Das ist heute jedoch für die Praxis unbedeutend.

Im Geschäftsleben gibt der, der über mehr Macht verfügt, dem anderen die Hand bzw. derjenige, in dessen Büro eine Besprechung stattfand, die nun beeendet wird. Konservative Naturen legen darauf auch heute noch Wert.

Oft entstehen dabei Unsicherheiten: Jemand streckt die Hand zum Händedruck aus, der andere bemerkt es zu spät, worauf jener die Hand verlegen zurückzieht ... Solche Unsicherheitsmomente lassen sich zumeist mit einer witzigen, charmanten Bemerkung überspielen.

Niemals!

Als sehr grober Fauxpas gilt es, eine ausgestreckte Hand absichtlich zu übersehen und nicht zu ergreifen. Dies ist die Verweigerung einer Sympathiebekundung. Sie besagt: Mit diesem Menschen will ich nichts zu tun haben und wird als Affront gewertet.

MERKE!

Der Händedruck ist der „erste Eindruck", den jemand hinterlässt. Falsch: ein lascher, zögerlicher Händedruck. Sehr unangenehm: kalte, feuchte Hände. Richtig: Die Hand des anderen kräftig (nicht zu kräftig – nicht zu lang und nicht zu kurz!) drücken. Sehr wichtig: Augenkontakt.

Wie schüttele ich jemandem die Hand?

Eine dumme Frage, könnte man sagen. Aber die Praxis lehrt etwas anderes: Die Händedruck-Kultur liegt im Argen. Der unsichere, lasche Händedruck ist ebenso verbreitet wie die schmerzhafte Quetschmethode. Leider gibt es viel zu viele Männer, die Frauenhände als Demonstrationsobjekt ihrer maskulinen Kräfte missbrauchen. Wie oft muss man es mit anhören, dass Frauen statt eines freundlichen „Guten Tag" nur noch ein gequältes „Au" über die Lippen bringen, weil ein Mann ihre Hand mit der Pranke eines Bären verwechselt.

Mechanistische Kurzanleitung für den idealen Händedruck: rechte Hand nach vorne strecken, Daumen nach oben, locker im Handgelenk, nicht schwitzen, nicht zittern. Wenn sich die andere Hand nähert und die Daumen einander berühren, wird die Hand zusammengedrückt, nicht zu fest, aber auch nicht zu schwach.

Die innige Begrüßung: Küsschen links, Küsschen rechts

Das hingehauchte Wangenküsschen war einst ein Ritual, das höheren Kreisen vorbehalten war. Im Jet-Set, unter Filmstars und Prinzessinnen begrüßte man einander auf diese Weise. Heute ist es alltäglich geworden.

Das Bussi-Bussi-Ritual hat in die unterschiedlichsten gesellschaftlichen Milieus Einzug gehalten.

Man pflegt das Kussritual von Frau zu Frau bzw. von Frau zu Mann. Der Begrüßungskuss unter Männern hat sich trotz Softies und Männerselbsterfahrung im Allgemeinen nicht durchgesetzt.

MERKE!

Das Bussi-Bussi-Ritual darf nicht überinterpretiert werden. Es ist eine Geste der Begrüßung und bedeutet nicht, dass man besonders geliebt wird.

Wie viele Wangenküsse gebe ich?

Bei dieser Begrüßungsform werden die Wangenküsse nur angedeutet. In der Regel kommt zuerst die linke und dann die rechte Wange dran. In Lateinamerika gibt man den Kuss nur auf eine Wange, in Russland hingegen drei Wangenküsse (man denke an die zahlreichen Fotos von russischen Staatschefs, die Politikern die

Wangen küssen). In Frankreich gehört das Wangenküssen zu den Begrüßungsritualen. Nicht einmal Personen, die einander soeben vorgestellt wurden, sind davon ausgenommen. Nicht-Franzosen lassen sich davon oft verwirren, da sie die Wangenküsserei für einen Ausdruck besonderer Herzlichkeit und Freundschaft halten.

Wie reagiere ich, wenn mich Leute auf die Wange küssen wollen, bei denen ich das gar nicht mag?

Niemand kann Sie zwingen, die Wange hinzuhalten. Doch meistens ist das Bussi-Bussi-Ritual nett gemeint. Der gesellschaftliche Kuss bedeutet so viel wie: Du bist einer von uns, du gehörst dazu.
Wenn Sie partout diese Begrüßungszeremonie nicht mögen, weisen Sie auf die englische Königinnenmutter hin, die die neumodische Küsserei auch nicht leiden kann. Zum ehemaligen amerikanischen Staatspräsidenten Jimmy Carter soll sie gesagt haben, als er sie bei einem Staatsbesuch umarmen wollte: „Was erlauben Sie sich? Das darf nur mein Ehemann."

MERKE!

Um Ihnen unangenehme Annäherungen auszuschließen, können Sie einfach mit dem Kopf nicken. Oder strecken Sie die Hand zum förmlichen Gruß aus. Das kann niemand mehr übersehen.

Wie verhalte ich mich, wenn andere so tun, als ständen sie mit der Prominenz auf Du und Du?

Manche Menschen reden über Prominente so, als wären sie mit ihnen gut bekannt. Besonders verbreitet ist diese lächerliche Unsitte, die einen wichtiger machen soll, als man eigentlich ist, in der Mode- und Filmbranche. Modejournalisten beispielsweise reden gerne in Rätseln: „Meinst du diese Highheels mit den Bleistiftabsätzen und dem Wappen vorne drauf, die die Linda bei der letzten Pariser Show von Thierry getragen hat?" Übersetzung: Das Model Linda Evangelista hat ungeheuer hohe Schuhe bei einer Modeschau des Pariser Modeschöpfers Thierry Mugler getragen.
Lassen Sie sich durch ein solches Imponiergehabe nicht irritieren. Stellen Sie sich naiv und fragen Sie zum Beispiel nach der Adresse oder Telefonnummer des Prominenten: „Was, du kennst Linda Evangelista? Hast du ihre Nummer dabei?"

Der Handkuss

Der Handkuss ist eine österreichische Spezialität, und schon in früheren Jahrhunderten mokierten sich Reisende über die manische Handküsserei der Wiener.

Traditionelle Regeln für den perfekten Handkuss

- Handküsse erfolgen nur in geschlossenen Räumen (Wohnung, Theater, Ballsaal). Auf der Straße, in Geschäften, in der U-Bahn, in der Straßenbahn ist der Handkuss unangebracht.
- Die Lippen des Mannes nähern sich nur bis auf einige Millimeter oder gar Zentimeter der Hand der Frau.
- Früher gebührte der Handkuss nur verheirateten oder älteren Damen. (Bei jüngeren, unverheirateten hätte man darin eine erotische Anspielung gesehen!)
- Handküsse gibt man nur auf nackte Haut, nicht auf das Leder der Handschuhe.

MERKE!

Der Handkuss ist out! Wer meint, eine Frau beeindrucken zu können, indem er ihre Hand ergreift und zum Handkuss ansetzt, muss mit Zurückweisung und sogar Gelächter rechnen.

Tolerierbar ist der Handkuss ...

- bei Kavalieren der alten Schule. Ältere Herren weist man schließlich nicht zurecht. In gewissen Konstellationen kann der Handkuss einen eigenwilligen, veralteten Charme entwickeln, aber männlich wirken kann er niemals.
- als ironische Geste: Durch einen ironisch-verschmitzten Handkuss können die Herren Bildung, Kultur und Etikette-Kenntnis unter Beweis stellen. Erforderlich ist die perfekte Durchführung. Deshalb: vorher zu Hause üben. Gleichzeitig muss deutlich werden, dass Sie um das Altertümelnde des Handkusses wissen. Gerade als ironische Geste gewinnt Ihr Verhalten besonders an Bedeutung.

Das Vorstellen

Zu den Grundregeln des gesellschaftlichen Alphabets gehört das Vorstellen. Wer Leute nicht miteinander bekannt macht, vergiftet das Gesprächsklima und macht sich unbeliebt. Es gibt kaum unangenehmere Situationen, als wie bestellt und nicht abgeholt neben Leuten herumzustehen, die einander gut kennen und sich unterhalten.

Eine zeitgemäße Standardsituation: Treffpunkt Café – Monika, Karl und Albert sind schon da. Ich komme leider etwas zu spät, ebenso Barbara und Gustav. Sie kennen die anderen Leute am Tisch noch nicht. Da ich alle kenne und das Treffen arrangiert habe, übernehme ich die Vorstellung, indem ich die Vornamen der einzelnen Leute nenne. Im Regelfall schüttelt man einander die Hand und nennt seinen Namen, zumeist nur den Vornamen. Das ist die saloppe Variante. Sie ist aber unbedingtes Minimalprogramm!

MERKE!

Nichts ist ärgerlicher als die Unsitte, seine Begleitung nicht vorzustellen, wenn man ihr unbekannte Leute zufällig in Bars, Cafés oder auf der Straße trifft. Bei einem gemeinsamen Abendessen kommt das nicht vor, passiert aber immer wieder bei zufälligen Begegnungen.

Wer wird wem vorgestellt?

Grundwissen

Nach der klassischen Etikette gilt das Prinzip Ranghöhe. Die Regel lautet: Der Rangniedrigere wird dem Ranghöheren zuerst vorgestellt.

- der Mann der Frau
- der Jüngere dem Älteren
- der Student dem Professor
- der Angestellte dem Firmenchef

Häufig ist es gar nicht so einfach, in der Hitze des Gefechts in Sekundenschnelle herauszufinden, wer der Ranghöhere ist, da unter Umständen mehrere unterschiedliche Kriterien zutreffen.

Regel (traditionell): Wird ein Herr der Dame vorgestellt, bleibt sie sitzen und gibt ihm die Hand.

Kuriosum: (Ehrerbietung unter Damen): Wird der Dame aber eine ältere Dame vorgestellt, steht sie auf.

MERKE!

In der Praxis wird das Prinzip der Ranghöhe oft locker gehandhabt. Wichtig ist, dass Sie die Menschen überhaupt bekannt machen.

Beispiel: Eine Studentin und der Seniorchef eines patriarchalisch geführten Unternehmens sollen einander vorgestellt werden. Wer ist in diesem Fall der oder die Ranghöhere? Welche Regel entscheidet?
Eigentlich gilt die Grundregel: Geschlecht vor Alter. Das heißt, die Studentin wäre aufgrund der traditionellen Rolle der Frau in der Etikettegeschichte die Ranghöhere. In der Praxis wird dies gerade bei Traditionsbetrieben zumeist nicht so gehandhabt: Der Patriarch wird als der Ranghöhere angesehen, dem die Studentin vorgestellt wird.

Wie stelle ich Leute einander vor?

In der Praxis verzichtet man häufig auf komplizierte Rituale, um die Ranghöhen herauszufinden. Sie fragen: „Darf ich bekannt machen?" und nennen dann der Reihe nach die Namen der vorzustellenden Personen. Diese reichen sich nach der Vorstellung die Hand. Floskeln wie „Angenehm" sind heute nicht mehr üblich.
Im privaten Umgang unter Freunden ist das Vorstellen eine lockere Angelegenheit: „Thomas – das ist Irene." Das Vorstellen bietet Ihnen aber die Möglichkeit, Ihren Charme spielen zu lassen, indem Sie die Charakteristika der einzelnen Personen besonders positiv herausstreichen: „Das ist Irene, eine aufstrebende Radioreporterin. Erst gestern wurde ein großes, sehr interessantes Feature von ihr gesendet ..."
Bei einem förmlicheren Zusammentreffen wird man mit Vor- und Nachnamen bzw. nur mit Nachnamen vorgestellt. Es kommt auch vor, dass der Vorstellende die Berufsbezeichnung hinzufügt: „Herr Dr. Gröbing vom Fernsehsender ... Er betreut dort eine Interviewsendung mit ..."
Tipp: Kultivieren Sie Ihr Namensgedächtnis. Wenn Sie andere Menschen für sich gewinnen wollen, bestärken Sie sie in ihrer Selbstachtung. Behalten Sie ihren Namen und sprechen Sie ihn auch so oft wie möglich aus.

MERKE!

„Vergessen Sie nie, dass für jeden Menschen sein Name das schönste und wichtigste Wort ist." Diese Regel stammt von Dale Carnegie und hat immer noch Gültigkeit.

Wie stelle ich mich selbst vor?

Sie sagen deutlich Ihren Namen (Vor- und Zunamen) und geben dem Gegenüber die Hand. Sie sagen zum Beispiel: „Andreas Bräuer, guten Tag." oder „Ich bin Andreas Bräuer, freut mich, Sie kennen zu lernen." Sehr einprägsam ist die James Bond-Variante: „Mein Name ist Bräuer, Andreas Bräuer."

MERKE!

Wenn Sie sich selbst vorstellen, denken Sie an die Bond-Formel: „Mein Name ist Bond, James Bond."

Ich bin sehr stolz auf meinen Doktortitel. Sage ich ihn bei der Selbstvorstellung dazu?

Die Formulierung „Ich bin Dr. Bräuer" wirkt hochtrabend und eingebildet und würde nicht besonders gut ankommen. Man würde Ihnen unterstellen, daß Sie sich aufgrund Ihrer akademischen Bildung für etwas ganz Besonderes halten.

Wenn Sie jedoch jemanden vorstellen, der einen Doktortitel trägt, schadet es nicht, wenn sie ihn dazusagen: „Herr Dr. Bräuer – Frau Schenner". Damit punkten Sie bei den Akademikern, weil Sie ihnen schmeicheln.

MERKE!

Doktortitel fallen bei der Selbstvorstellung diskret unter den Tisch.

Mein Geschäftspartner, Herr Bräuer, stellt mich seinem Kompagnon vor. Sagt man noch „sehr angenehm"?

Die Floskel „sehr angenehm", wenn man jemand Drittem vorgestellt wird, klingt heute antiquiert. Man sagt einfach „Guten Tag" oder „Ich habe schon viel von Ihnen gehört" – dies wirkt besonders aufmerksam und höflich.

Wie stelle ich Geschäftspartner einander vor?

„Gestatten, darf ich vorstellen ..." – diese Formel hört man zwar immer noch, sie klingt aber ein bisschen nach 19. Jahrhundert. Zeitgemäßer: „Darf ich bekannt machen, ..." oder „Herr Bräuer von der Multi Media Factory – meine Assistentin, Frau Schenner".

Business-Knigge: Beruf und Karriere

Allgemeine Regeln für den beruflichen Erfolg

Grundwissen

Die alten Tugenden, die lange gefragt waren – Ordnungsliebe, Anpassungsfähigkeit, Bravsein, Fleiß –, geraten zunehmend ins Hintertreffen. Die Töne sind unüberhörbar – man hört sie von Politikern, Unternehmensberatern und Trendforschern: Der Erfolgstyp der Zukunft ist die „unternehmerische Persönlichkeit". Ein Mensch, der Verantwortung nicht auf andere abschiebt, der entscheidungsfähig und kontaktfreudig ist. Ein Mensch aber auch, der sich zu benehmen weiß. Unternehmerisches, selbstständiges Denken wird auch für Festangestellte immer mehr zu einer beruflichen Qualifikation. Dies bringt die Dynamik der wirtschaftlichen Entwicklung mit sich.
Ein Mitarbeiterstab, der es nur gelernt hat, Befehlsempfänger zu sein und sich in Hierarchien unterzuordnen, wird in Zukunft den Unternehmen nicht den gewünschten Erfolg bringen können.

MERKE!
Kommunikative Kompetenz und Teamfähigkeit sind im Business-Alltag gefragt.

Leadership, Verantwortung, Self-Management lauten die neuen Schlüsselbegriffe, die zum Erfolg führen. Danach fragen auch Headhunter und die Personalchefs großer Konzerne immer öfter. Die Nachfrage nach den „Unangepassten" und Kreativen in der Wirtschaft steigt. Der Personalchef der Bertelsmann AG charakterisierte in einem Zeitungsinterview die idealen Mitarbeiter als „Menschen, die bestimmte Projekte oder Abteilungen durch ihr Wesen prägen und somit den personellen Facettenreichtum unseres Hauses bereichern".

Individualität und Eigensinn, das Sichabheben aus der Masse, sind in rapide wachsendem Ausmaß gesucht. Sie sollten sich allerdings nicht in hemmungslosem Ego-Wahn manifestieren, sondern sich mit kommunikativer Kompetenz und Teamfähigkeit verbinden. Daraus ergeben sich ganz neue Herausforderungen für Personalberater. Es zeichnet sich die Tendenz ab, dass Angestellte und Mitarbeiter in Zukunft vermehrt auf der Basis dessen angestellt und ausgebildet werden, wer sie sind, welche Überzeugungen und Wertvorstellungen sie haben, wofür sie stehen und Verantwortung übernehmen und nicht ausschließlich auf der formalen Basis von Schulbildung und Zeugnissen.

MERKE!

Umgangsformen sind Kommunikation. Kommunikation ist ein Schlüssel zum Erfolg.

Die Tugend des selbstständigen Handelns

Gefragt ist eine Einstellung, die Verantwortungsbewusstsein und Erfolgsorientiertheit zeigt. Dies drückt sich in den entsprechenden Umgangsformen aus.

Falsch sind ständige Beschwerden über zu viel Arbeit und das Abschieben von Verantwortung. Fühlt man sich überfordert, sollte man das Problem konkret ansprechen. Aber nicht jammern, sondern Änderungsvorschläge bringen. Engagement zeigen. Überlegen, wie die Arbeit besser aufgeteilt und organisiert werden könnte.

Übernehmen Sie Verantwortung und stehen Sie zu den eigenen Handlungsweisen. Wer ständig Ausreden sucht und die Verantwortung abschiebt, wird auf Dauer keinen Erfolg haben.

Beispiel: Bei einer Auftragsabwicklung ist etwas schief gegangen. Anstatt sich herauszureden: „Der Abteilungsleiter hat gesagt, ich soll das so machen“, eigene Argumente vorbringen. „Ich bin das Problem auf diese Weise angegangen, weil ich der Meinung war, dass dies die beste Lösung sei. Leider hat sich das als falsch erwiesen. Damit dies in Zukunft nicht mehr passiert, schlage ich folgende Vorgehensweise vor ...“

Gerade vor diesem Hintergrund erlangen die Manieren – der Umgang mit Menschen, um auf die bekannte Definition des Freiherrn von Knigge zurückzukommen, immense Bedeutung und eine neue Dimension.

MERKE!

Die zukünftigen Top-Anforderungen sind: Ehrlichkeit, Integrität, Fairness, höflicher und korrekter Umgang mit anderen, Respekt, Fachkompetenz, Gesetzestreue und persönliche Verlässlichkeit.

Karrierestrategien

Intrigen und Ellbogentaktik um der Karriere willen entstammen einer Zeit, als das lineare Aufsteigen in Hierarchien der einzige Weg zum Erfolg war. Heute gilt die brutale Ellbogentaktik als Anti-Trend.

MERKE!

Ellenbogentaktik ist out. Flexibilität, Kontaktfreudigkeit und Eigenverantwortung sind gefragt.

Flexibilität und Kontaktfreudigkeit sind gefragt. *Networking* und *Lobbying* heißen die neuen Karriere-Schlüsselwörter.

Networking ist in einer Kommunikationsgesellschaft eine gefragte Tugend. Bill Clinton wird in den USA der erste *networking-president* genannt. Er hat seine politische Karriere auf einem Netzwerk von Kontakten und auf Teamwork aufgebaut. Teams sind wendige, flexible Organisationsformen, oft auf bestimmte Projekte bezogen.

Die Veränderungen der Arbeitsmethoden verlangen auch neues Führungsverhalten. Zielvereinbarungen und Ergebnisentlohnung ersetzen Gehorsam und Befehlston. Das autoritative Chef-Untergebener-Verhältnis macht mehr und mehr einem partnerschaftlichen, unternehmerischen Verhältnis Platz. Denn dieses erweist sich als effizienter und kreativer.

Aber auch die Einstellung der Arbeitnehmer zu ihrem Job und zu ihrem Arbeitgeber hat sich gewandelt. Zu diesem Schluss kam eine Studie der Beratungsfirma „Towers Perrin“ bei einer Befragung von 2.500 Mitarbeitern amerikanischer Mittel- und Großbetriebe. Lautete Anfang der 90er Jahre die Formel noch: „Sicherheit für Loyalität“, so geht es heute, knapp vor der Jahrtausendwende, um „gegenseitige Verantwortlichkeit und Verpflichtung“.

Image und Selbstpräsentation

Moderne Arbeitskleidung

Heute wird die Arbeitskleidung meistens nicht mehr vorgeschrieben. Natürlich tragen Leute, die am Fließband stehen oder sonst körperlich arbeiten, keinen eleganten Dreiteiler, sondern einen Blaumann. In bestimmten Branchen herrschen ungeschriebene Gesetze, die auch die entsprechende Kleidung vorsehen. Das alte Sprichwort „Kleider machen Leute“ kommt nicht aus der Mode. Im Handel mit teuren Konsumgütern beispielsweise ist Seriosität unabdingbar. Personalberater stimmen darin überein, dass die besten Verkaufserfolge in Anzug und Krawatte erzielt werden – egal, ob man Autos, Versicherungen oder Männermode verkauft. Selbstverständlich hängt es von der Branche und der Klientel ab, welches nun die ideale Business-Kleidung ist. Ein Wurstverkäufer wird in Anzug und Krawatte lächerlich, ein Versicherungsvertreter in Jeans und Sweatshirt zu wenig seriös aussehen.

MERKE!

Die äußere Erscheinung – Frisur, Kleidung, Schuhe – ist eine Visitenkarte. Damit repräsentieren Angestellte das Unternehmen, für das sie arbeiten.

Wie sieht das richtige Business-Outfit bei Männern aus?

(siehe auch Kapitel 4: „Style und Auftreten")

Anzug: Grau und marineblau sind beim Anzug die traditionellen Businessfarben. Psychologisch gesehen wirkt ein Anzug wie eine Schale. Durch die Strenge, die er meist ausstrahlt, wird die Geschäftsmäßigkeit betont.

Anzug ist nicht gleich Anzug. Auch bei diesem Kleidungsstück, das – zu Unrecht – oft als langweilig und einfallslos bezeichnet wird, kann man durch Schnitt, Material und Accessoires unterschiedliche Akzente setzen. Der maßgeschneiderte Anzug ist genau das Richtige für Minister und deren Sekretäre sowie für Männer, die im oberen Management tätig sind.

MERKE!

Der Maßanzug steht für Seriosität, Status, Qualitätsbewusstsein. Der Träger signalisiert: Ich bin ein wichtiger Mann und trage besondere Kleidung.

Die modisch lässige Variante des Anzugs ist, ein offenes Hemd bzw. schwarzes oder weißes T-Shirt unter dem Sakko zu tragen. Das wirkt schick und jugendlich, ist aber für manche Gelegenheiten zu leger.

Hemden: Weiß wirkt sehr formell. Pastelltöne und feine Streifen wirken weniger streng. Sehr helle Töne haben eine professionellere Ausstrahlung als zu grelle Farben.

Krawatten: Gedeckte Farben und unauffällige Muster sind angebracht. Sie sollten mit Hemd und Anzug harmonieren.

Wie sieht das richtige Business-Outfit bei Frauen aus?

Basis-Outfit: Hosenanzug oder Kostüm (grau, blau, schwarz), weiße Bluse, Schuhe mit halbhohen Blockabsätzen.

Grundsätzlich sollte die Arbeitskleidung ein seriöses Verhältnis zur Arbeit ausdrücken. Wer am liebsten legere Freizeitkleidung anzieht, riskiert, als jemand angesehen zu werden, der sich nicht ernsthaft um seinen Job kümmert.

In Berufen, wo Modebewusstsein zum Image gehört – Friseuse, Verkäuferin in einer Boutique, Telefonistin in einer Werbeagentur –, gehört es durchaus zum guten Ton, sich modisch und extravagant zu kleiden. Übertriebenes Modebewusstsein empfiehlt sich aber auch dort nicht. Wer aufgedonnert wie ein Zirkuspferd zur Arbeit kommt, kann leicht zur Witzfigur der Firma werden. Im Zweifelsfall lieber eine Spur schlichter als übertrieben und exaltiert.

MERKE!

Superkurze Stretch-Minis, Shorts, tiefe Dekolletees und fünfzehn Zentimeter hohe Bleistiftabsätze sollten der Freizeit vorbehalten bleiben. Diese Kleidung sendet starke erotische Signale aus, die falsch gedeutet werden könnten.

Wie tief darf das Dekolletee im Büro sein?

Sexy Outfits sind im Büro nicht angebracht, weil

- männliche Mitarbeiter auf seltsame Gedanken kommen könnten.
- die Kolleginnen tuscheln könnten: „Die will sich doch nur an den Chef ranmachen!“
- eine Frau sich mit einer solchen Aufmachung selbst schadet. Sie muss viel mehr dafür tun, berufliche Kompetenz unter Beweis zu stellen. Sie wird für einen männermordenden Vamp gehalten, und man nimmt ihr nicht ab, dass sie auch etwas von ihrem Job versteht.

Wie wirkt sich der Trend zu Sportswear und Freizeitmode auf den Business-Look aus?

Die Auswirkungen sind schon spürbar. Die Zeiten, als man nur im strengen Business-Outfit im Büro erscheinen durfte, gehören der Vergangenheit an. Welche Signalwirkung Kleidung haben soll, hängt auch davon ab, ob Mitarbeiter unmittelbaren Kundenkontakt haben oder interne Aufgaben lösen. Amerikanische Personalberater haben herausgefunden, dass bequemere Kleidung im Büro die Kreativität der Mitarbeiter steigert. Außerdem werden durch weniger formelle Kleidung die Hierarchie entschärft und die Teamarbeit gefördert. Die Kommunikation mit einem Abteilungsleiter, der in Turnschuhen und Sweatshirt im Büro sitzt, fällt leichter als mit einem, der sich immer streng und formell kleidet.

Die Computer- und Telekommunikationsbranche gilt als Vorreiter der gelockerten Kleidungsvorschriften. Ein Geschäftsführer von „Sun-Microsystem“ wird in amerikanischen Zeitungen mit der Aussage zitiert: „Wir haben gar keine Bekleidungsvorschriften in der Firma. Wir verlangen nur, dass sich die Leute in irgendeiner Form bedecken.“ Personalexperten gehen davon aus, dass sich der Trend zur Freizeitkleidung im Büro weiter verstärken wird. Der Grund dafür: gestiegene Produktivität, weil Freizeitkleidung den individuell empfundenen Stress reduziert. Dennoch: Lockere Kleidung bedeutet nicht, sich schlampig oder besonders sexy anzuziehen.

MERKE!

Für offizielle Firmenrepräsentanten sind nach wie vor kurze Hosen verboten.

Der Büroalltag

(siehe auch Kapitel 1: „Das Telefon“, „Das Telefax“ und Kapitel 2: „Die Visitenkarte“ und „Die Anrede“)

Ordnung auf dem Schreibtisch

Auch der Schreibtisch ist eine Art Visitenkarte. Der viel zitierte Begriff vom „kreativen Chaos“ stimmt in diesem Zusammenhang nur bedingt. Häufig wird ein unaufgeräumter Schreibtisch, auf dem sich die Papier- und Aktenberge stapeln und die Person dahinter nur noch halb zu sehen ist, nicht als Zeichen von Leistung und Kreativität gesehen. Das Gegenteil wird vermutet: Chaos und schlechtes Zeitmanagement. Der aufgeräumte Schreibtisch hingegen wird vielfach als Symbol dafür gesehen, dass jemand zielstrebig seine Aufgaben erledigt.

Verzweifeln Sie nicht. Ordnung halten ist eine Sisyphusarbeit. Albert Einstein hatte Recht, als er meinte: „Jede Ordnung ist der erste Schritt auf dem Weg in neuerliches Chaos.“

Aber im Grunde heißt Ordnung mehr Freizeit: Unternehmensberater haben errechnet, dass Büroangestellte sechs Wochen pro Jahr mit der Suche nach verlegten Papieren verschwenden!

MERKE!

Nehmen Sie sich, zumindest wenn Sie Besuch erwarten, die Zeit, Ihren Schreibtisch vorher aufzuräumen.

MERKE!

Aufräumen ist zwar unangenehm, schafft aber Klarheit und hilft, die Arbeit zu strukturieren.

Was bedeutet Ordnung auf dem Schreibtisch?

Dafür gibt es Grundregeln, die von Fachleuten erstellt wurden. Und diese Grundregeln heißen: Schieben Sie nicht auf! Der Tod der Schreibtischordnung ist Unschlüssigkeit. Entscheiden Sie sofort, was mit einem Papier zu geschehen hat: Bearbeiten Sie es sofort, werfen Sie es weg oder legen Sie es ordentlich ab.

Computer-Etikette

Folgende Regeln der Computer-Etikette sind unbedingt zu beachten:

- Die Computer anderer Leute sind tabu! Eine Festplatte oder Disketten sind so etwas wie private Dokumente. Neugierige haben da nichts zu suchen.
- Hantieren an fremden Dokumenten ist streng verboten!
- Lesen Sie nicht heimlich die elektronische Post, die andere Menschen bekommen.
- Vermeiden Sie stundenlanges Blockieren des Druckers durch den Ausdruck von Endlosdokumenten. Diese Arbeit muss unterbrochen werden, wenn jemand nur ein kurzes Dokument ausdrucken will.
- Schicken Sie anderen nicht ständig Botschaften über den Computer. Das Aufblinken auf dem Bildschirm, das die (interne) Mail anzeigt, kann lästig sein.
- Lernen Sie Ihren Computer in den Grundzügen kennen. Wer Fragen stellt wie „Weiß irgendjemand, wie man diese verfluchten Kassetten wieder aus dem Computer herausbekommt?", zeigt sich

MERKE!

Fremde Computer, Disketten, Dokumente und E-Mails sind absolut tabu!

unwissend (die Datenträger heißen Disketten) und wird rasch zum Gespött werden. Außerdem macht man sich als Kollege unbeliebt, weil unqualifizierte Fragen nerven und die anderen durch diese Unkenntnis von ihrer Arbeit abgehalten werden.

Besuch im Büro

Sie können es sich nicht leisten, zu einem angekündigten Termin abwesend zu sein. Es kommt immer noch bei Firmen vor, dass bei vereinbarten Kundenterminen die entsprechenden Sachbearbeiter zu Tisch oder gerade nicht da sind. Damit erweisen Sie Ihrem Unternehmen und auch sich selbst (Arbeitseffizienz!) keinen guten Dienst.

MERKE!

Verabredungen mit Kunden und Geschäftspartnern dürfen nicht platzen! Wenn Sie verhindert sind, unbedingt vorher Bescheid sagen!

Wie sieht der äußere Rahmen eines Gesprächs aus?

- Begrüßung: Man bietet etwas zu trinken an. Kaffee (Milch? Zucker?), Mineralwasser oder Orangensaft. Austausch allgemeiner Höflichkeiten: „Wie geht es Ihnen?"
- Bringen Sie, wenn das Ende des Termins naht, das Gespräch zu einem Abschluss. Fassen Sie die Ergebnisse zusammen:
  Positiv: „Wir verbleiben also folgendermaßen ..." – „Wir sind uns einig über die weitere Vorgehensweise ..." – „Sie bekommen die Unterlagen nächste Woche zugesandt."
  Negativ: Das Gespräch hat zu keinem Ergebnis/keiner Geschäftsanbahnung geführt. Hier tauscht man die entsprechenden Höflichkeitsfloskeln aus: „Wir hören voneinander ..." – „Hat mich in jedem Fall gefreut, Ihre Bekanntschaft zu machen ..." – „Wir bleiben in Verbindung ..."
- Verabschiedung: Zeremonie der Kartenüberreichung (ist auch am Anfang des Termins üblich). Sie stehen auf und begleiten den Besucher zur Tür, bringen ihn gegebenenfalls bis zum Lift. Wenn Sie eine Sekretärin haben, können Sie auch sagen: „Frau Müller zeigt Ihnen den Weg." Höflicher wirkt es, wenn man den Gast selbst hinausbegleitet.

Wie kann ich die Dauer eines Gesprächs beeinflussen?

Konzentrieren Sie sich auf den Gegenstand des Treffens. Versuchen Sie auch zwischendurch einmal das Gespräch zusammenzufassen. Das erspart Missverständnisse und dauernde Wiederholungen. Wenn Ihr Gesprächspartner abschweift und Bemerkungen über seine Hobbys oder seine Urlaubsgewohnheiten macht, hören Sie höflich zu. Leiten Sie zum gegebenen Zeitpunkt mit einer Floskel wie „um abschließend auf unser Thema zurückzukommen“ wieder auf den Gegenstand der Unterredung über.

Wie wimmle ich ungebetene Besucher im Büro ab?

Es gibt Kollegen oder auch Betriebsfremde, die unangemeldet hereinplatzen. In diesem Fall signalisieren Sie durch Ihr Verhalten und Ihre Körpersprache, dass Sie beschäftigt sind.

- Stehen Sie auf, wenn sich ein ungebetener Besuch Ihrem Schreibtisch nähert. Damit signalisieren Sie, dass Sie in Bewegung sind und gerade weggehen, auf jeden Fall im Moment nicht verfügbar sind.
- Fragen Sie, wie lange das Gespräch dauern wird.
- Akzeptieren Sie höchstens einen Zeitverlust von fünf Minuten.
- Wenn es länger dauert, brechen Sie höflich, aber bestimmt ab. „Es tut mir Leid, aber ich habe im Moment wirklich zu tun. Wir müssen ein anderes Mal weiterreden.“ Vereinbaren Sie einen Termin.
- Begleiten Sie die Person aus dem Zimmer.

Der Besucher betritt das Büro, während ich telefoniere. Wie verhalte ich mich?

Begrüßen Sie ihn mit einem Kopfnicken (freundlich!) und deuten Sie auf einen freien Platz. Beenden Sie das Telefongespräch so bald wie möglich: „Ich muss jetzt leider unterbrechen. Kann ich Sie in einer halben Stunde zurückrufen?“ Entschuldigen Sie sich der Form halber bei Ihrem Gast für die Verzögerung.

Wie sage ich einen Termin ab oder schlage eine Einladung aus, ohne einen Stilbruch zu begehen?

Rücksichtsvoll und ehrlich oder mit einer guten Ausrede. Man ruft rechtzeitig vorher an und sagt: „Es tut mir Leid, aber ich kann unsere Verabredung für Donnerstag nicht einhalten. Mir ist etwas dazwischengekommen." Oder: „Ich muss mich vielmals entschuldigen, aber ich bin Donnerstag beim Kongress für Zukunftsforschung. Das hatte ich versehentlich nicht in meinen Kalender eingetragen. Ich muss diesen Termin unbedingt wahrnehmen."

MERKE!

Der schlimmste Fehler ist, einen Termin platzen zu lassen, ohne Bescheid gesagt zu haben.

Wie frühzeitig sage ich einen Termin ab?

Hier gilt: Je früher, je besser. Bedauerlicherweise hat es sich jedoch eingebürgert, dass Termine sehr kurzfristig und oft an dem Tag, an dem sie stattfinden sollen, abgesagt werden. Am selben Tag eine halbe Stunde vorher abzusagen, zeugt von Schlamperei und Unhöflichkeit. Wenn Sie die betreffende Person nicht direkt erreichen können, begnügen Sie sich nicht damit, auf dem Anrufbeantworter eine Nachricht zu hinterlassen! Setzen Sie alle Hebel in Bewegung, um persönlich abzusagen. Ansonsten riskieren Sie, dass Ihr Geschäftspartner umsonst auf Sie wartet: Das macht böses Blut und Sie sind dafür verantwortlich, wenn die Geschäftsbeziehung einen ungünstigen Verlauf nimmt.

MERKE!

Einen Termin, den man nicht wahrnehmen kann, sollte man mindestens einen Tag vorher absagen. So kann sich der andere auf die Terminverschiebung einstellen und den Tagesplan danach ausrichten.

Kundengeschenke

Jedes Jahr zu Weihnachten oder – weniger oft – zum Firmenjubiläum, stellt sich die Frage: Was schenkt man Kunden? Nach den Ergebnissen einer Studie, die von der „European Business School" auf Schloss Reichertshausen durchgeführt wurde, muss das Niveau der Geschenkkultur in der deutschen Wirtschaft als katastrophal bezeichnet werden. 90 Prozent der Firmenpräsente werden an Freunde, Kollegen bzw. Familienangehörige weitergegeben und 70 Prozent der Beschenkten ärgern sich über das Präsent, das sie bekommen haben.

Grundwissen

Strategien für erfolgreiches Schenken

- Streichen Sie Füllfederhalter, Taschenrechner und Kalender aus Ihrem Geschenkerepertoire.
- Erstellen Sie eine Strategie, die auf die einzelne Firma, den Geschäftspartner Bezug nimmt. Fragen Sie sich: Wie ist die Geschäftsbeziehung? Wer soll aus welchem Anlass beschenkt werden? (Es ist ein Unterschied, ob ein großer Auftrag winkt oder der Marketingdirektor durch ein Fehlverhalten Ihrer Mitarbeiter verschnupft ist.)
- Sammeln Sie Informationen über Ihren Kunden. (Hobbys? Welche Rückschlüsse lässt die Einrichtung des Büros zu? Interessiert sich der zu Beschenkende für Kunst, Fotografie, Malerei?)
- Überlegen Sie Aufmachung und Übergabe-Zeremonie des Präsents.
- Analysieren Sie die Reaktion des Beschenkten und ziehen Sie daraus Schlüsse.

Reden vor Publikum

MERKE!

Die Grundvoraussetzungen für einen guten Vortrag: freie Rede, so kurz wie möglich; häufiger Blickkontakt mit dem Publikum; eine angenehme Stimme.

Sie müssen bei einer Konferenz sprechen, ein Referat halten oder eine Präsentation über die Bühne bringen, und sie haben totale Angst davor. Das ist verständlich und weit verbreitet. Das Wichtigste ist, dass Sie von sich selbst und Ihren Inhalten überzeugt sind. Dazu brauchen Sie Fachkompetenz. Informieren Sie sich deshalb eingehend über Ihr Thema.

Schreiben Sie sich Ihren Redetext auf. So können Sie sich den Inhalt einprägen, aber lernen Sie den Text nicht auswendig. Notieren Sie zusätzlich einige Schlagworte. Lesen Sie bei Ihrem Vortrag den Text nicht ab, sondern versuchen Sie, möglichst frei zu sprechen. So werden Sie Ihr Publikum nicht langweilen.

Lassen Sie Ihre Zuhörerschaft während Ihrer Rede nicht aus den Augen. Fassen Sie sich so kurz wie möglich. Die verhasstesten Redner sind immer die, die ihren Vortrag für so wichtig halten, dass sie kein Ende finden.

Alltagsprobleme

Womit unterschreibe ich Verträge?

Unterschreiben Sie niemals Verträge mit Filzstiften, roter Tinte, billigen Kugelschreibern oder gar Bleistiften. Als besonders stilvoll gilt es, mit einem Füller zu unterschreiben. Die Tinte sollte blau oder schwarz sein, nicht pink, grün oder violett (das wirkt verspielt und unseriös).

Was tue ich, wenn ich zu einer Konferenz zu spät komme?

Meiden Sie lange Erklärungen und Entschuldigungen. Sie würden damit nur allen auf die Nerven gehen und eine weitere Verzögerung herbeiführen. Setzen Sie sich mit einem Nicken hin und nehmen Sie an der Konferenz teil, als ob nichts gewesen wäre. Im Anschluss können Sie sich entschuldigen und eine Erklärung anbringen.

Was tue ich, wenn mich Kollegen ärgern?

Leiden Sie nicht still vor sich hin. Lassen Sie sich nichts gefallen. Das haben Sie nicht nötig. Wer austeilt, muss auch einstecken können – und zwar von Ihnen. Wenn die Situation ganz unerträglich wird, bleibt Ihnen nichts anderes übrig, als sich an den Chef oder Abteilungsleiter zu wenden.

MERKE!

Kollegen, die sich Tag für Tag schlecht im Büro benehmen, sollte man höflich, aber bestimmt auf ihr unangenehmes Verhalten aufmerksam machen.

Wie reagiere ich als Frau, wenn mich mein Chef, Kollege oder Geschäftspartner belästigt und unangenehme sexuelle Anspielungen macht?

Psychologinnen empfehlen in solchen Fällen

- eisig zu reagieren
- sich nicht zur Weißglut treiben zu lassen, sondern die Nerven zu bewahren
- nicht kokett zu werden
- strenge Zurechtweisungen vor versammelter Mannschaft. Ein bestimmtes „Bitte benehmen Sie sich!“ wirkt besser als entnervtes Herumschreien.

Wie verhalte ich mich bei Mobbing?

Der Begriff „Mobbing" ist erst vor wenigen Jahren in unseren allgemeinen Wortschatz eingedrungen. Er bezeichnet intrigantes Verhalten von Kollegen, das bis zum Rufmord usw. reicht. Mit allen Mitteln soll der Kollege bzw. die Kollegin systematisch fertig gemacht werden. Mobbing ist eine extreme Form des Konkurrenzverhaltens. Solchen aggressiven, zerstörerischen Verhaltensweisen ist mit Etikette und Umgangsformen, also mit Rücksichtnahme, nicht beizukommen. Man kann Mobbing-Opfern nur raten, sich nicht in die Opferrolle zu fügen. Sie sollten vielmehr versuchen, ihr Problem offensiv zu lösen, indem sie sich an den Betriebsrat, den Abteilungsleiter, den Chef usw. wenden. Suchen Sie Verbündete im Betrieb und bringen Sie das Thema zur Sprache. Wer es nötig hat, Mobbing zu betreiben, zeigt damit, dass er nur über wenig Selbstachtung und Selbstvertrauen verfügt. Solche Personen rechnen damit, dass ihre Opfer die Attacken stillschweigend über sich ergehen lassen. Schlagen Sie sie mit ihren eigenen Waffen.

MERKE!

Mobbing-Attacken haben mit Umgangsformen nichts mehr zu tun. Es wird dabei jede Form von Fairness außer Kraft gesetzt.

Frauen und Karriere

Frauen, die beruflich vorwärts kommen wollen, sollten sich davor hüten, Kollegen, Geschäftspartner oder Chefs in der Kategorie Gentlemen einzuordnen.

Ein *Ladies first* existiert in der Geschäftswelt nicht. Männer sollten sich (im offiziellen Rahmen) ihren Geschäftspartnerinnen gegenüber nicht zu Komplimenten hinreißen lassen. Oder möchten Sie gerne mit einer Frau Geschäfte machen, die Ihnen das Angebot mit den Worten „Sie haben aber einen tollen Anzug an" überreicht? Treten Sie als Frau aber auch nicht zu aggressiv auf. Denn solchen Frauen wird von Männern zwar Kompetenz zugesprochen, aber sie wirken auch bedrohlich. Männer fühlen sich weniger bedroht, wenn eine Frau ihr Fachwissen auf nette, „typisch weibliche" Art, wie es so schön heißt, vorträgt, als wenn sie unnahbar und distanziert agiert. Eine amerikanische Psychologin meint dazu:

MERKE!

Vorsicht bei Höflichkeitsgesten wie Feuer geben, in den Mantel helfen und dergleichen im Berufsalltag! Hier kann ein geringschätziger Ton des „Helfers" mitschwingen. Verbitten Sie sich gegebenenfalls solche Höflichkeitsbekundungen im Berufsleben.

„Eine laute Stimme, ein ärgerlicher Ton, gesenkte Augenbrauen und angespannte Muskeln können von Vorgesetzten und Kollegen als unangenehm und wenig überzeugend verurteilt werden. Der kompetente Kommunikationsstil manifestiert sich in einer wohl moderierten Stimmlage, schneller Sprache, wenigen Versprechern, einem festen Blick und fließender Gestik.“
EQ = *Emotional Quality* heißt das neue Zauberwort. *Soft Power* – eine Mischung aus Gefühl und Durchsetzungsvermögen. Karrierefrauen imitieren Männer nicht mehr, sie beschweren sich nicht darüber, ständig von Männern schlecht behandelt zu werden. Sie entwickeln etwas, das „psychische Androgynität“ genannt wird: eine Mischung aus Gefühl, sozialer Kompetenz, aber auch Härte, Disziplin und Durchsetzungsvermögen, wenn es drauf ankommt.

MERKE!

Die Kennzeichen des kompetenten Kommunikationsstils: angenehme Stimmlage (nicht hoch oder gepresst) – flotter Sprechstil (nicht hastig, aber auch nicht langsam und schleppend) – wenig Versprecher – fester Blick – freundliche Gestik.

Bewerbung und Vorstellung

Auch hier gilt: Der erste Eindruck entscheidet.

Grundwissen

Die vollständige Bewerbung umfasst

- ein Anschreiben, in dem auf die Stellenannonce eingegangen und erklärt wird, warum man sich um diese Stelle bewirbt. Idealerweise ist es nicht länger als eine halbe Seite, knapp und klar strukturiert.
- den Lebenslauf (tabellarisch, nicht allzu sehr ins Detail gehend, der Personalchef muss die wichtigsten Punkte auf einen Blick erfassen können).
- Zeugniskopien (wichtige Abschlusszeugnisse, keine Bestätigungen über Sprachkurse in den Ferien).
- ein Porträtfoto.

Der Lebenslauf

Der Lebenslauf kann einem Textverarbeitungsprogramm entstammen. Dies wird nicht negativ gewertet, sondern aufgrund der

MERKE!

Achten Sie bei Ihrer Bewerbung auf tadellose Computerausdrucke und eine ansprechende äußere Form.

schnellen Lesbarkeit sogar erwartet. Ein kopierter Lebenslauf ist kein Ruhmesblatt, fällt aber nicht unbedingt negativ ins Gewicht. Besser ist jedoch immer ein Originalausdruck.
Die Bestandteile des Lebenslaufs sind:

- Name
- Geburtsdatum
- Familienstand
- Wohnort
- Beruf
- Eltern
- schulische Ausbildung
- berufliche Ausbildung
- berufliche Laufbahn
- Fremdsprachenkenntnisse
- Auslandsaufenthalte
- Computerkenntnisse

Niemals!

Tabu bei einer Bewerbung sind

- Rechtschreib- und Grammatikfehler oder Nichtbeherrschung von Kommaregeln. Auf solche Fehler reagieren Personalabteilungen besonders heikel. Wer solche Fehler begeht, ist von vornherein chancenlos!
- der handschriftliche Lebenslauf (Ausnahme: Bei manchen Bewerbungen wird dies ausdrücklich verlangt)
- eine Farbkopie des Porträtfotos
- ein Gruppenbild mit dem Hinweis: „Der in der Mitte bin ich!"
- eine Unmenge von Unterlagen einzuschicken: Kopien von Doktorarbeiten und Entwürfe für Bücher, die man zu schreiben gedenkt, verärgern nur die Personalabteilung und mindern die Chancen.
- überzogenes Selbstlob: Formulierungen wie „Ich wäre für Ihr Unternehmen ein unschätzbarer Gewinn" oder „Sie suchen den perfekten ..., hier ist er" stoßen ab.

Wie übersende ich meine Bewerbung?

Immer noch per Post. Durch das Fax übermittelte Bewerbungen werden häufig nicht akzeptiert, weil sie nicht formell genug wirken. Außerdem weiß man nicht, ob die Bewerbungsunterlagen tatsächlich angekommen sind. In letzter Zeit findet sich bei Stellenanzeigen vermehrt die Angabe von E-Mail-Adressen. Es macht in solchen Fällen einen guten Eindruck, wenn Sie Ihre Bewerbungsunterlagen per E-Mail losschicken. Sie zeigen so Ihre Aufgeschlossenheit gegenüber neuen Technologien und stellen sich als einen modernen, kompetenten Menschen dar. Sie haben darüber hinaus den Vorteil, dass Ihre Bewerbung sofort eintrifft. Schicken Sie aber sicherheitshalber Ihre Unterlagen auch mit der Post und vermerken Sie dies in Ihrer E-Mail-Sendung.

MERKE!

Modern wirkt es, Bewerbungsunterlagen vorab per E-Mail zu schicken. Sie sollten sie trotzdem auch per Post verschicken.

Das Vorstellungsgespräch

Jeder meint zu wissen, wie das ideale Vorstellungsgespräch abzulaufen hat: Man ist entspannt und konzentriert zugleich, strahlt Selbstvertrauen und Kompetenz aus – alles läuft wie am Schnürchen. Am Ende hat man den Job in der Tasche. In der Praxis sieht es meistens ein bisschen anders aus: Die Frage, ob man unter den vielen Bewerbern die richtige Person ist, und der Frust über zahlreiche ergebnislose Vorstellungsgespräche lassen einen oft unsicher und nervös erscheinen.
Mit ein paar Tricks lassen sich aber zumindest grobe Fehler vermeiden.

Bereiten Sie sich besonders auf folgende Standardfragen vor:
(Versetzen Sie sich dabei in Ihren zukünftigen Arbeitgeber hinein.)
- Warum interessieren Sie sich für den Job?
- Warum haben Sie Ihre letzte Stelle aufgegeben?
- Was können Sie besonders gut?
- Was sind Ihre Schwächen?
- Warum sollen wir Sie einstellen?

MERKE!

Das Vorstellungsgespräch ist ein Verkaufsgespräch. Verkaufen Sie sich selbst so gut und so teuer wie möglich.

Niemals!

Tabus beim Vorstellungstermin

- unausgeschlafen oder unpünktlich zum Termin erscheinen
- schlechten Körpergeruch bzw. gar eine Alkoholfahne verbreiten
- die Kleidung ist nicht tadellos in Ordnung
- sich lustlos, unmotiviert und einsilbig geben
- ohne zu fragen, zur Zigarette greifen!
  Nach Untersuchungen von Unternehmensberatern haben Raucher bei Bewerbungsgesprächen deutlich geringere Chancen als Nichtraucher. Rauchern haftet ein eher negatives Image an: Sie gelten als fahrig, nervös und hektisch. Wer seine Rauchsucht nicht im Griff hat und, ohne zu fragen, im Zimmer des Personalchefs zur Zigarette greift, hat alle Chancen verspielt.
- eine hektische bzw. fahrige Körpersprache

MERKE!

Vermeiden Sie negative Aussagen über Ihren zukünftigen Job wie zum Beispiel: „Das wird natürlich hart werden" oder „Die Situation auf dem PC-Markt ist sehr schwierig".

Wie mache ich klar, dass gerade ich für den Job der oder die Richtige bin?

Eine Erfolgsformel gibt es dafür nicht. Man kann aber davon ausgehen, dass eine motivierte, positive und kompetente Ausstrahlung sowie korrektes Auftreten eine gute Ausgangsbasis schaffen. Unverklemmtheit, Begeisterungsfähigkeit, glaubwürdige Interessebekundung und Wissen über das Unternehmen, das Sie einstellen soll, sind Hilfen.

Negative Äußerungen über Ihre zukünftige Stelle hingegen möchte niemand hören. Sie disqualifizieren sich damit selbst. Gefragt sind dynamische Persönlichkeiten mit Charakter und einer gewissen Portion Eigensinn. Wer zu allen Aussagen des Personalchefs nickt und „Ja" und „Amen" sagt, zeigt kein souveränes, selbst bestimmtes Verhalten. Sie müssen vielmehr vermitteln, dass Sie die Situation im Griff haben und im Stande sind, die auf Sie zukommenden Aufgaben eigenständig zu lösen. Wenn Ihnen das gelingt, verfügen Sie über die heute so gefragte Kompetenz der Selbstorganisation und Eigenverantwortung.

Wie kleide ich mich zum Vorstellungsgespräch?

Eine Mischung aus Zurückhaltung und klassisch zeitlosem Outfit ist am besten. Meiden Sie schreiende, zu kräftige Farben. Sie wirken aggressiv und zu auffallend. Bedenken Sie die Psychologie der Farben! Laut einer Untersuchung halten die meisten Personalchefs blau für die passende Krawattenfarbe beim Vorstellungsgespräch.

MERKE!

Ihre persönliche Selbstdarstellung ist entscheidend dafür, ob Sie die Stelle bekommen. Dazu gehören maßgeblich ein gepflegtes Äußeres, tadellose Kleidung, Ausdrucks- und Kommunikationsfähigkeit sowie gute Umgangsformen.

Wie erkläre ich in einem Einstellungsgespräch, warum ich meinen früheren Job aufgegeben habe?

Machen Sie Ihrem Gegenüber klar, dass Sie an Ihrem früheren Arbeitsplatz Ihre Fähigkeiten nicht entfalten konnten, dass Sie gewisse Ideen zur Umstrukturierung der Abteilung eingebracht hätten, die aber wieder in Vergessenheit geraten seien. Versuchen Sie dabei, sich so positiv wie möglich darzustellen. Doch Achtung: Personalchefs merken, wenn Sie ihnen das Blaue vom Himmel erzählen. Berichten Sie niemals von sich aus – außer, wenn Sie wissen, dass die Firma über entsprechende Informationen verfügt -, dass nicht Sie gekündigt haben, sondern Ihnen gekündigt wurde.

Die Kündigung

Wie kündige ich richtig?

Reichen Sie Ihre Kündigung schriftlich bei Ihrer Personalabteilung oder direkt bei Ihrem Arbeitgeber ein. Der Text sollte in sachlichem Ton gehalten sein. Persönliche Bemerkungen und „Abrechnungen" sind fehl am Platz.

MERKE!

Nach Beendigung eines Arbeitsverhältnisses empfiehlt es sich, Stillschweigen über Gebräuche in der alten Firma zu bewahren. Wer den früheren Dienstgeber schlecht macht, setzt seinen eigenen Ruf aufs Spiel.

Wie verhalte ich mich gegenüber einem Arbeitskollegen, dem gekündigt wurde?

Verständnisvoll, aber nicht aufdringlich. Zwanghafte Aufmunterungen wie „Wer weiß, wofür es gut war", „Du wirst schon etwas finden" sind fehl am Platz. Ebenso andere emotionale Gesten wie unverhohlene Schadenfreude oder übertriebene Beileidsbekundung.

Das Geschäftsessen – der Businesslunch

Die Art und Weise, wie solche Treffs und Termine ablaufen, unterliegt Trends und Moden. Waren in den 80er Jahren noch opulente Geschäftsessen an der Tagesordnung, sind in den wirtschaftlich schwierigen 90ern *small business lunches*, wie die Angelsachsen sagen, sehr in Mode gekommen.

MERKE!

Versuchen Sie, bei der Wahl des Restaurants auf die persönlichen Vorlieben Ihres Gastes einzugehen.

Welchen Typus von Lokal wähle ich aus?

- Schlagen Sie zwei Lokale vor. Lassen Sie Ihrem Gast die Wahl: „Das Steak House oder doch lieber asiatisch, da könnte ich das Green Cottage empfehlen?“
- Lassen Sie Ihren Gast über den Termin entscheiden: „Passt es Ihnen nächste Woche Dienstag? Oder ist Donnerstag besser?“
- Ist Ihr Gast Raucher bzw. Nichtraucher und hat das von Ihnen ausgewählte Restaurant Raucher- und Nichtrauchertische?

Beachten Sie bei der Auswahl des Lokals folgende Grundsätze:

- Das Lokal soll zentral gelegen sein, wenn möglich in Büronähe.
- Es soll sich nicht in einer abgelegenen Seitengasse befinden, die nicht einmal auf dem Stadtplan eingezeichnet ist.
- Das Restaurant soll auch mit öffentlichen Verkehrsmitteln gut erreichbar sein.
- Wählen Sie ein repräsentatives Lokal der gehobenen Kategorie, aber nicht unbedingt der Luxusklasse. (Ausnahme: Sie haben einen Geschäftsabschluss zu feiern.)
- Achten Sie darauf (vor allem, wenn Ihre Geschäftspartner aus den USA stammen), dass das Lokal nicht nur Fleischgerichte, sondern auch vegetarische Gerichte anbietet. Dies ist heute in Zeiten eines stetig wachsenden Gesundheitsbewusstseins sehr wichtig.
- Meiden Sie auch allzu Exotisches und Extravagantes.
- Gute Erfahrungen werden im Allgemeinen mit Restaurants gemacht, die in Reiseführern als „exklusiver Tipp“ gehandelt werden.

- Wenn es sich nur um einen kurzen Besprechungstermin handelt, brauchen Sie kein Essen einzuplanen. Sie können den Termin, in Abstimmung mit Ihren Geschäftspartnern, auch in ein Café oder in eine Hotelbar der gehobenen Kategorie verlegen.

Verhalten beim Geschäftsessen

- Pünktlichkeit ist oberste Pflicht. Versuchen Sie, etwa zehn Minuten vor dem Termin da zu sein. Sie können vorher in Ruhe Ihren Mantel ablegen und auf Ihre Gäste warten. Wenn Sie Ihre Verspätung absehen können (Sie stecken im Stau, die U-Bahn verspätet sich), sagen Sie Ihrem Geschäftspartner unbedingt per Handy Bescheid.
- Sitzordnung: Der Gast hat Anspruch auf den besten Platz. Bei einem Zweiertisch beispielsweise ist es der mit dem Blick zum Lokal. Setzen Sie sich erst, wenn Ihre Gäste Platz genommen haben.
- Wenn Sie Platz genommen haben, nehmen Sie die Serviette und legen sie sich halb auseinandergefaltet über Ihren Schoß.
- Wenn Sie während des Essens den Tisch verlassen müssen, legen Sie die Serviette links von Ihrem Teller auf den Tisch. Falten Sie die Serviette nicht zusammen und legen Sie sie nicht auf den Stuhl.
- Das Aufnehmen der Bestellung: Der Gast bestellt zuerst, Sie als Gastgeber bestellen am Schluss. Wenn Ihr Gast ein Horsd'œuvre bestellt, sollten Sie das auch tun. Lassen Sie ihn nicht alleine essen. Jeder fühlt sich unwohl, wenn er auf einen leeren Teller starrt, während der andere isst.
- Sind Sie der Gast, so lassen Sie sich bei der Auswahl der Speisen nicht allzu lange Zeit. Schließlich sind Sie hier bei einem Geschäftstermin und nicht bei einem Gourmet-Ereignis. Wenn Sie zu lange zögern, erwecken Sie den Eindruck, auch bei geschäftlichen Entscheidungen unentschlossen zu sein.
- Wenn der Gast nicht zuerst auf das Thema zu sprechen kommt, wird das Geschäftliche erst besprochen, wenn das Essen bestellt

MERKE!

Der Gast bekommt den besten Platz, setzt sich zuerst und bestellt als Erster.

MERKE!

Alkohol während des Geschäftsessen ist (vor allem mittags) tabu. Im äußersten Fall wird ein kleines Bier oder ein Glas Wein zum Essen toleriert. Kein Schnaps nach dem Essen!

ist. Aperitif und Cocktail sind Aufwärmrunden, die dazu dienen, einander kennen zu lernen und sich im Small Talk zu üben.

- Arbeitsunterlagen werden entweder beim Aperitif oder nach dem Essen ausgetauscht. Sind noch Sachverhalte zu klären, so empfiehlt es sich, die Unterlagen vorher zu übergeben, damit man die Zeit während des Essens zum Gespräch nutzen kann. Greifen Sie nicht während des Essens plötzlich nach der Aktentasche und sagen: „Ach übrigens, da hätte ich ja fast vergessen, ich wollte Ihnen ja die Pläne für unser neues Werk zeigen."
- Ist Rauchen an Ihrem Tisch verboten, so ist von Anfang an klar: Zigaretten sind tabu.

Sollten Sie sich in einem Lokal befinden, das über keine eigenen Nichtraucher-Plätze verfügt, rauchen Sie während des ganzen Essens nicht. Seien Sie vor allem gegenüber nordeuropäischen und amerikanischen Geschäftspartnern in dieser Hinsicht sehr aufmerksam und vorsichtig. Manche fanatischen Nichtraucher empfinden schon die Frage, ob man rauche dürfe, als Zumutung. Europäische Geschäftspartner sind in Fragen des Rauchens häufig weniger heikel. Fragen Sie unbedingt, ob es stört, wenn Sie rauchen. Es zählt als grober Fauxpas, sich einfach eine Zigarette anzustecken. Pfeifen und Zigarren sind in Restaurants – es sei denn, sie gehören der neuen Zigarren-Kultur an – ohnehin verboten.
Raucht Ihr Gegenüber, so dürfen Sie auch rauchen. Es empfiehlt sich allerdings, bis nach dem Essen zu warten, so lange bis der Kaffee serviert ist. Während des Essens sollte man nicht rauchen.

- Als Gastgeber sollten Sie darauf achten, dass der Service stimmt: dass Pfeffermühle und Salzstreuer, ausreichend Brot und Butter auf dem Tisch stehen. Sollte irgend etwas fehlen, sind Sie es – und nicht Ihr Gast –, der dem Kellner dies signalisiert.
- Reklamationen müssen von Ihnen als Gastgeber gemacht werden. Sollte Ihr Gast beispielsweise sein Steak durchgebraten bestellt

und es medium erhalten haben, so müssen Sie sich darum kümmern, dass dies in Ordnung gebracht wird.

- Das Bezahlen der Rechnung hat in aller Stille vor sich zu gehen. Bezahlen Sie mit der Kreditkarte und fügen Sie die Trinkgelder hinzu. Zählen Sie, falls Sie bar zahlen, Wechselgeld nicht vor Ihren Gästen nach. Überprüfen Sie niemals mit dem Taschenrechner, ob die Rechnung auch stimmt und wie viel Trinkgeld Sie geben sollen.
- Wenn Sie eine weibliche Repräsentantin einer Firma zum Geschäftsessen einlädt, so bestehen Sie als Mann nicht darauf, die Rechnung zu bezahlen. Es geht hier nicht um ein Mann-Frau-Verhältnis, sondern um eine Geschäftsbeziehung. Kommen Sie als Geschäftsfrau in die Situation, dass Ihr Gast bezahlen will, so ziehen Sie sich aus der Affäre mit den Worten: „Sie sind der Gast der Firma XY und wir freuen uns, Sie zum Lunch einzuladen!"

MERKE!

Wenn das Essen nicht in Ordnung war oder Sie mit dem Service nicht zufrieden waren, beschweren Sie sich nicht lauthals, sondern warten Sie ab, bis sich Ihre Gäste verabschiedet haben. Dann sprechen Sie ein Wort mit dem Geschäftsführer.

Konversation

- Im Allgemeinen werden zuerst ein paar Minuten lang Höflichkeiten ausgetauscht, dann kommt man aber schnell auf das Thema des Treffens zu sprechen.
- Bereiten Sie sich darauf vor. Nichts ist peinlicher, als wenn Sie stotternd dasitzen oder keinen Ton über die Lippen bringen. Ebenso unangenehm ist es allerdings, wenn Sie wie ein Staubsaugervertreter auf Ihre Geschäftspartner einreden und ihnen keinen Moment Ruhe gönnen.
- Wenn sich der Termin dem Ende zuneigt, wendet man sich zumeist wieder allgemeineren, auch persönlicheren Themen zu. Fragen Sie Ihr Gegenüber nach Hobbys, Reiseplänen oder Ähnlichem. Vergessen Sie nicht: Auch Geschäftsleute sind in erster Linie Menschen und mögen es, wenn man sich nach ihnen erkundigt. Geht Ihr Gesprächspartner auf solche Themen nicht ein, so können Sie auch über ein allgemeines, unverfängliches Thema

MERKE!

Bei einem Geschäfsessen sollte die Stimmung angenehm und entspannt sein. Grundlage dafür ist ein angeregtes Gespräch. Peinliche Pausen, aber auch Stress dürfen nicht entstehen.

MERKE!
Den Abschluss eines Geschäftsessens bildet eine lockere Konversation über Themen von allgemeinem Interesse.

reden, etwa über den neuen James-Bond-Film oder einen Bestseller (Voraussetzung dabei ist, dass er nicht polarisiert und kein weltanschauliches Thema zum Gegenstand hat). Meiden Sie hingegen Gespräche über Geld, Politik, Religion, Klatsch über Abwesende, Kritik an der Unternehmenspolitik, weltanschauliche Fragen, Krankheiten und Indiskretionen.

Tipps für ein erfolgreiches Geschäftsessen

Nicht nur Festangestellte, sondern auch selbstständig arbeitende Leute treffen Geschäftspartner gerne im Café oder zum Essen, weil ihnen dies repräsentativer erscheint, als den Partner im (Heim-) Büro (das oft wenig eindrucksvoll ist) zu empfangen.

- Machen Sie den Grund des Geschäftsessens von vornherein klar.
- Bestellen Sie das Essen, bevor der geschäftliche Teil des Gesprächs beginnt, aber warten Sie nicht bis zum Dessert, um auf die Details zu sprechen zu kommen
- Wenn Ihr Geschäftspartner keinen Alkohol trinkt, trinken Sie auch keinen oder sehr wenig.
- Spätestens bis der Kaffee kommt, sollten die Details geklärt sein. Dann können Sie die Visitenkarten austauschen.
- Überziehen Sie die Zeit nicht. Als Maximum für ein Geschäftsessen gelten eineinhalb Stunden. Wenn Sie viel länger sitzen bleiben, sieht es aus, als würden sonst keine Geschäfte auf Sie warten.
- Der beste Ort für ein Geschäftsessen ist weder zu laut noch zu intim, noch zu leer, noch zu hektisch.
- Wenn Sie einen besonders wichtigen Termin haben, sagen Sie bei der Tischreservierung dazu, dass Sie einen ruhigen Tisch wünschen. Wenn Sie Ihren Geschäftspartner beeindrucken wollen, wählen Sie ein Restaurant, in dem Sie den Küchenchef persönlich kennen. Er wird Sie bei seiner Runde durch das Lokal nicht übersehen. Sie können dann die Lorbeeren Ihrer wichtigen Bekanntschaften ernten.

MERKE!
Der maximale Zeitrahmen für ein Geschäftsessen beträgt eineinhalb Stunden.

Soziale Kontakte zu Arbeitskollegen

Muss ich unbedingt zu Betriebsfeiern hingehen, auch wenn ich gar keine Lust habe?

Unbedingt müssen Sie nicht. Haben Sie absolut keine Lust, ist es besser, sich vorher – etwa mit originellen Ausreden („ich habe Kopfschmerzen", „mein Kind ist krank") – zu entschuldigen und den anderen viel Spaß zu wünschen, als gelangweilt herumzustehen und schlechte Laune zu verbreiten.

MERKE!

Wer sich Bürofeierlichkeiten permanent entzieht, kommt schnell in den Ruf, ungesellig und langweilig zu sein. Wer stets betrunken die Feier verlässt, gilt wahrscheinlich bald als Saufkopf der Firma – wahrlich kein Ruhmesblatt.

Wie verhalte ich mich bei einer Einladung meines Chefs?

Wenn Sie von Ihrem Chef oder Ihrer Chefin nach Hause eingeladen werden, gehört es zum guten Ton, ein Geschenk mitzubringen. Sind Sie gemeinsam mit Kollegen eingeladen, so können Sie zusammen eine größeres Geschenk kaufen. Natürlich kann aber auch jeder für sich etwas mitbringen. Mit Blumen liegen Sie immer richtig.

Niemals!

Alkoholische Getränke sind als Geschenk für Ihren Chef tabu. (Es würde den Eindruck erwecken, dass Sie Ihren Vorgesetzten für einen Alkoholiker halten oder Angst haben, Sie bekämen bei ihm zu wenig zu trinken.) Ebenso verhält es sich mit zu persönlichen Geschenken wie etwa Kleidungsstücken (Krawatten, Halstücher).

Persönlichere, aber dennoch neutrale Geschenke sind Bücher oder CDs bzw. Präsente, die auf Hobbys und Freizeitaktivitäten Ihres Vorgesetzten Bezug nehmen. Hat Ihr Chef beispielsweise vor, nach Indien zu reisen, können Sie ein Reisevideo oder Ähnliches mitbringen.

Wie stelle ich bei dieser Einladung meine Frau/Freundin bzw. meinen Ehemann/Freund vor?

Wenn Sie verheiratet sind, sagen Sie: „Darf ich vorstellen: mein Mann/meine Frau." Hat Ihre Frau nach dem neuen Namensrecht

ihren Mädchennamen behalten, so fügen Sie ihren Vor- und Nachnamen zu: „Meine Frau: Susanne Schmidt."
Sind Sie nicht verheiratet, so heißt es: „Silke Breuer, meine Verlobte" oder „Carlo Schneider, mein Lebensgefährte". Ein Etikette-Verstoß hingegen wäre die Vorstellung: „Das ist Fritz, mein neuer Freund."

Warnung: Büroklatsch kann die Karriere gefährden!

MERKE!
Wer sich allzu verschlossen zeigt, fördert damit seine Aufstiegschancen nicht. Wer allzu viel redet, erst recht nicht.

Der Arbeitsplatz ist ein sensibles Terrain. Der Grat zwischen schädlicher Vertraulichkeit und Offenheit ist schmal. Es gilt hier die Mitte zu finden. Prinzipiell sind Freundschaften am Arbeitsplatz dem Arbeitsklima und dem Aufstieg förderlich, sofern sie nicht in Klüngelei ausarten. Aber naive Vertraulichkeit ist ebenso fehl am Platz. Eine gewisse Distanz muss gewahrt bleiben! Sollten Sie aufsteigen, sind Ihnen vielleicht einmal frühere offenherzige Geständnisse Ihren nunmehrigen Untergebenen gegenüber sehr peinlich.

Niemals!

Die Tabus im Büro
- negative Aussagen über Chefs und Kollegen
- Alkohol- und Drogensucht eingestehen
- hohe Schulden zugeben
- sich über sexuelle Vorlieben auslassen

MERKE!
Über die Höhe des eigenen Einkommens zu sprechen, ist in Europa tabu.

Muss ich antworten, wenn mich jemand nach meinem Einkommen fragt?

Nein! Es sei denn, hinter der neugierigen Person verbirgt sich die Finanzbehörde. In Europa ist man in Bezug auf Einkommensverhältnisse und Finanzen zurückhaltender als in den USA beispielsweise. Dort sagt man ganz selbstverständlich *I make 50.000 Dollars a year*. Dies ist Ausdruck eines bestimmten kulturellen Selbstverständnisses. In Europa können zu offenherzige Angaben über das Einkommen prahlerisch wirken.

Der Flirt am Arbeitsplatz

(siehe auch Kapitel 5 „Flirt und Beziehungen“)

Das Büro ist ein wichtiger Umschlagplatz für Ehen, Partnerschaften, Amouren, Leidenschaften und Affären. Büros sind Partnerbörsen. Das ist bekannt. Es tritt oft an die Stelle des sozialen Umfelds und wird zum Familienersatz. Freizeit heißt für viele, mit den Arbeitskollegen ins Restaurant oder in die Kneipe zu gehen und so einen Teil des Abends mit ihnen zu verbringen.

MERKE!

Wenn ein Büroflirt nicht zu vermeiden ist, ist äußerste Diskretion angebracht.

Gefahren des Büroflirts

Ein Büroflirt birgt viele Gefahren in sich:

- Gerede und Getuschel der Kollegen über die neueste Affäre.
- Am Anfang ist oft heimliches Versteckspiel vor den Kollegen nötig.
- Ihre Flamme ist ein notorischer Schürzenjäger mit einschlägigem Ruf. Nur Sie, die neu in der Firma sind, haben davon noch nichts gehört. Leichtes Spiel für ihn.
- Der Unsicherheitsfaktor: Solange man sich versteht und es gar nicht erwarten kann, seinen Schwarm wieder morgens beim Kaffeeautomaten zu treffen, ist alles wunderbar. Was aber, wenn es sich doch nicht um den Mann oder Frau des Lebens handelt und der Flirt ein jähes Ende findet?

MERKE!

Zärtlichkeiten im Büro sind vollkommen tabu! Das höchste der Gefühle sind Andeutungen, Blicke ...

Begegnung mit anderen Kulturen

Amerika: Die alltägliche Interaktion der Amerikaner ist offener, als es Europäer gewohnt sind. Geschäftsverhandlungen können bis zu einem Punkt gehen, den Europäer als rüde empfinden. Falsch und ungeschickt ist es in jedem Fall, darüber pikiert zu sein.
Die amerikanische Art, Geschäftsbeziehungen zu pflegen, wird oft durch informelle persönliche Kontakte gestützt. Mit Kollegen wird häufig intensives *socialising* betrieben – man tauscht sich aus über Hobbys, Sportergebnisse und Familie. Das kann bis zu einem Grad

MERKE!

Trotz ihrer vermeintlich lockeren Art und der Sitte, die Leute mit dem Vornamen anzusprechen, legen Amerikaner großen Wert auf Pünktlichkeit, korrektes Auftreten und angemessene Kleidung.

gehen, den Europäer als zu intim empfinden. Umgekehrt erscheint Amerikanern die europäische Reserviertheit oft als zu altmodisch. Auch der amerikanische Humor kann für Europäer irritierend wirken: Für sie ist der Witz so etwas wie ein Aufwärmen, ein *Warm-up*, für Präsentationen und Besprechungen. Die einzigen Tabuthemen dabei sind Geld und das Produkt der eigenen Firma.
Die Bedeutung, die dem geschäftlichen und sozialen Status einer Person beigemessen wird, ist zumeist größer als in Europa. Die Vorstellung eines Fremden bei einer Cocktailparty beinhaltet oft die Nennung des Titels und des Unternehmens, für das die Person arbeitet. Das Geschäft ist auch häufig bei gesellschaftlichen Anlässen Gesprächsthema Nummer 1.
Amerikaner sind immer gut gelaunt. Es geht ihnen immer „wunderbar". Nach dem *american way of life* gilt schlechte Laune als Kennzeichen von Versagern!

MERKE!

Haben Sie in Asien immer genügend Visitenkarten (mit Angabe Ihres Ranges oder Titels – in Japan sehr wichtig!) dabei. Die Karten werden gleich bei der Begrüßung überreicht und interessiert bzw. bewundernd studiert.

Asien: Missverständnisse über kulturelle Signale und Symbole können ernsthafte Hindernisse auf dem Weg zum geschäftlichen Erfolg sein. Für viele Westeuropäer und Nordamerikaner sind die japanische Denkweise und ihre Verhaltensregeln geheimnisvoll und zweideutig. In der Tat sind die Höflichkeitsrituale der asiatischen und der westlichen Kulturen sehr verschieden.
In Japan beispielsweise herrschen ganz andere Sitten des Zuhörens als im Westen. In der westlichen Kultur sind wir es gewohnt, das Gesagte durch den Filter der Kritik und Distanz zu sehen. In Japan hingegen möchte man durch viele *yes* und *I understand*-Bemerkungen den Redner ermutigen. Diese verbalen Bekundungen werden oft als Zustimmung missverstanden.
Die westliche Kultur stellt das Individuum über die Gruppe. In der japanischen Kultur ist das Gegenteil der Fall. Die Loyalität zur eigenen Gruppe geht über alles. Das kann man in der Theorie zwar verstehen, aber die praktischen Auswirkungen dieses Prinzips sind oft schwer zu ertragen: endlose Meetings, quälende Prozeduren der

Entscheidungsfindung, das Teilen von Verantwortung, die Pflicht, jeden in der Gruppe über trivialste Details auf dem Laufenden zu halten. Hier muss man sich in Geduld üben. Außerdem gilt Asien als schwieriges Terrain für Frauen.

Flüchtige, zufällige körperliche Berührungen sind in asiatischen Ländern unbedingt zu vermeiden. Das hassen Asiaten. Distanz, Diskretion und Höflichkeit sind die obersten Regeln.

Niemals!

Eine große Rolle spielt im japanischen Geschäftsleben die Rangordnung:

- Lift: Der Rangniedrigste steigt zuerst ein und drückt den Knopf.
- Konferenz: Der Ranghöchste sitzt am weitesten von der Tür entfernt.

MERKE!

In japanischen Restaurants zieht man die Schuhe aus und sitzt auf dem Boden! Achten Sie deshalb darauf, dass Ihre Strümpfe in Ordnung sind, und tragen Sie keine Miniröcke – das kann peinlich werden.

Osteuropa: Die Körpersprache hat sehr nuancierte kulturelle Bedeutungen. In Russland beispielsweise gilt Lächeln zur Begrüßung bei formellen Anlässen als nicht respektvoll. Lächeln ohne Grund wird eher als Zeichen von Idiotie denn von Freundlichkeit ausgelegt. Als Zuhörer verhalten sich die Russen wie die nordischen Völker still. Die Zeichen der Zustimmung, die uns Westeuropäern eigen sind, fehlen. Wenn einer ausgesprochen hat, wartet man oft eine Weile, um über das Gesagte nachzudenken, und antwortet erst dann. Auf Westeuropäer wirkt dies manchmal so, als ob sie etwas Falsches gesagt hätten.

Die Sauna spielt im russischen Geschäftsleben eine große Rolle. Zu Zeiten der Sowjetunion wurden in der Sauna Verabredungen und Entscheidungen getroffen. (Die Bedeutung der Sauna als Ort der Geschäftsanbahnung und Postenverteilung war auch mit ein Grund dafür, dass Frauen auf der Karriereleiter nicht vorankamen.)

Der osteuropäische Lebensstil, bei dem Alkohol und Nikotin eine große Rolle spielen, stellt für viele Westeuropäer im geselligen und geschäftlichen Umgang eine Herausforderung dar. Das obligatori-

MERKE!

Ein Glas Wodka zur Begrüßung können Sie nicht ablehnen.

sche Glas Wodka, das als Begrüßungstrunk angeboten wird, können Sie nicht ablehnen. Dabei sollten Sie es aber belassen! Deshalb: Nur bei den Toasts mittrinken und dazwischen zum Fruchtsaft greifen, der immer auf dem Tisch steht. In der jüngeren Generation der russischen Geschäftsleute ist dieser ungesunde Lebensstil ohnehin stark im Abnehmen begriffen.
Und schließlich: Geben Sie sich nicht überheblich! Und: Tragen Sie keine Schwarz-Weiß-Kombinationen. Diese Farben stehen in Russland für Tod.

Arabische Emirate: Vor einer Geschäftsreise in die Arabischen Emirate sollten Sie unbedingt an einem interkulturellen Benimmseminar für Manager teilnehmen. Schon die Flasche Whiskey als Gastgeschenk kann einen Millionenauftrag in einem arabischen Land zunichte machen.

Gastgeschenke an ausländische Kunden

MERKE!

Lassen Sie sich von einem Insider beraten, wenn es um ein Gastgeschenk für einen ausländischen Kunden geht!

Vorsicht bei Geschenken an Kunden in fremden Ländern. Die Berlitz Cross-Cultural Division warnt davor, in Indien beispielsweise etwas aus Leder zu verschenken. Der Empfänger könnte Hindu sein, und die meisten Ledergegenstände stammen von Kühen, den geheiligten Tieren der Hindus.
Moslems freuen sich über einen silbernen Kompass, weil er es ihnen erlaubt, Mekka für ihre täglichen Gebete immer und überall zu lokalisieren, egal, wo sie gerade sind. Für chinesische Geschäftspartner eignen sich Uhren nicht als Geschenk, da das chinesische Wort für Uhr dem Ausdruck für Tod ähnelt.

Style und Auftreten

Wann ist jemand gut gekleidet?

Die einfache und einleuchtende Definition, die Adolf Loos, einer der bedeutendsten Architekten und Kulturtheoretiker des 20. Jahrhunderts, 1898 in einem Text über Herrenmode prägte, ist heute noch gültig. Er schrieb: „Ein roter Frack fällt im Ballsaale auf. Folglich ist der rote Frack im Ballsaale unmodern. Ein Zylinder fällt auf dem Eise auf. Folglich ist er auf dem Eise unmodern. Alles Auffallen gilt aber in der guten Gesellschaft für unfein" (Adolf Loos, Herrenmode).

Wer eine Ausstellungseröffnung beispielsweise in weiten Raver-Hosen, Hightech-Turnschuhen und Kapuzen-Sweater besucht, ist vielleicht für ein Pop-Konzert entsprechend gekleidet, fällt aber in diesem Umfeld auf. Die Kleidung wirkt in dieser Umgebung irritierend. Es ist üblich, dass man zu Kunst-Vernissagen in exquisitem Rahmen einen modischen, aber dezenten Anzug, ein extravagantes Designer-Kleid oder ein Einzelstück trägt, das auch aus dem Second-Hand-Laden stammen darf, aber den individuellen Geschmack besonders unterstreicht.

Umgekehrt wird man sich in einem Anzug von Armani unter lauter Techno-Enthusiasten in weiten Hosen auch nicht wohl fühlen.

MERKE!

Gut gekeidet ist, wer im jeweiligen Umfeld nicht zu sehr auffällt, aber trotzdem seine Persönlichkeit zum Ausdruck bringt.

Früher herrschten überaus strenge Kleidervorschriften, die es bestimmten Personen aufgrund ihres niedrigen sozialen Rangs verboten, bestimmte Kleidungsstücke zu tragen. Umgekehrt konnte man an der Kleidung einer Person ablesen, aus welcher gesellschaftlichen Schicht sie stammte.

Diese Zeiten sind längst vorbei. Auch gesellschaftliche Zuordnungen aufgrund der Kleidung sind schwierig geworden. So ist etwa die einst verpönte Jeans zu einem in allen Einkommensschichten und Milieus verbreiteten Kleidungsstück geworden.

Wer sich innerhalb der relativ weit gesteckten Grenzen des guten Geschmacks und der „Sittlichkeit" bewegt, kann im Grund tragen, was er will.

MERKE!

Die Kleidungsvorschriften haben sich gelockert. Trotzdem sollte man dem Anlass entsprechend angezogen sein.

Wenn wir heute davon sprechen, dass jemand „schlecht“ gekleidet sei, meinen wir entweder vulgär, billig oder nicht dem Anlass entsprechend. Die jeweilige Person fällt in einem bestimmten Umfeld durch ihre Kleidungswahl auf. Sie setzt optische Zeichen, die aus dem Rahmen fallen.

MERKE!

Wer sich in seiner Kleidung nicht wohl fühlt, fühlt sich auch in seiner Haut nicht wohl. Umgekehrt strahlt ein Mensch, die sich in seinen Kleidern gut fühlt, auch mehr Selbstvertrauen aus.

Wer etwa zu einem Picknick im dunklen Dreiteiler mit Krawatte erscheint, wird in einer Umgebung, in der alle in Freizeitkleidung erscheinen, auffallen und als Merkwürdigkeit wahrgenommen werden. Er ist overdressed.

An einem gesellschaftlichen Großereignis wie dem Wiener Opernball ist man hingegen in einem knielangen Nachmittagskleid underdressed. Im Gegensatz zu früher wird man auch in dieser Kleidung eingelassen. Die ganz „große Robe“ muss es also auch auf dem Opernball nicht mehr sein. Aber möglicherweise fühlt man sich unter lauter Frauen in langen, eleganten Kleidern und Männern im Frack in einem schlichten Tageskleid nicht besonders wohl. Für einen besonderen Anlass sollte auch die Kleidung etwas Besonderes sein. Nur dann kann man das Ereignis richtig genießen.

Mode und Image: Die Bedeutung von Kleidung

Was wir heute unter „Style“ verstehen – Make-up, Frisur, Schmuck, Kleidung, Schuhe – steht nicht für sich selbst, sondern hat auch eine symbolische Bedeutung. Mode ist visuelle Kommunikation: Sie steht für Werte, Selbstbild, Anschauungen, Gruppenzugehörigkeit, sozialen Stand, Erotik, Kreativität.

Ein Beispiel: Frauen, die gerne sehr tiefe Dekolletes tragen, werden als Vamps wahrgenommen. Sie betonen ihre erotische Attraktivität. Es kommt vor, dass solche Signale unbewusst gesetzt werden, weil die Person, die sie aussendet, sich davon Anerkennung und Zuneigung erhofft und nicht bedenkt, dass manche Leute dies falsch auffassen könnten. Vor allem im Berufsleben ist von solchen hocherotischen Signalen abzuraten, weil dadurch Können und Kompetenz in den Hintergrund gedrängt werden.

Wie exzentrisch darf Kleidung sein?

Im Prinzip ist alles erlaubt. Aber vor allem im Berufsleben sollte man den persönlichen Geschmack nicht auf die Spitze treiben. Es könnte sich auf die Karriere nicht förderlich auswirken: Ein modebewusster Bankangestellter würde in einem topmodischen transparenten, schwarzen Hemd hinter dem Schalter äußerst seltsam wirken. Wenn er dieses Hemd aber abends in der Disko trägt, ist das seine Privatsache. In diesem Umfeld wird er wahrscheinlich von manchen als modebewusster Mann bewundert.
Bei Branchen wie Banken oder Versicherungen geht es um Geld und um das Vertrauen der Kunden. Die Mitarbeiter müssen Seriosität ausstrahlen. Die Kleidung ist ein Mittel dazu: Gedeckte Farben (grau, blau), klassische Anzugschnitte, wenig modische Extravaganzen (eine bunte Krawatte ist schon erlaubt) tragen dazu bei. Bei der Auswahl der Kleidung sollte nicht nur die aktuelle Mode im Vordergrund stehen. Was man trägt, welche Farben vorteilhaft sind, richtet sich auch nach dem eigenen Typ. Der italienische Modeschöpfer Nino Cerruti hat dieses Prinzip einmal so formuliert: „Was man anhat, muss zur Umgebung, zum Anlass und natürlich zum Träger passen. Bei einem blonden Mann beispielsweise wirkt ein Blazer in Rot- oder Gelbtönen immer zu soft. Für einen dunklen Typen wären diese Farben in Ordnung."

MERKE!
Die Farbwahl der Kleidung hängt nicht nur vom Anlass, sondern auch vom eigenen Typ ab.

Moderne Kleiderregeln: Zu jedem Anlass das passende Outfit

Grundwissen

Business-Outfit: Farb- und Imageberater raten in der Geschäftswelt von starken, grellen Farben ab. Hier zählen Signale, die Seriosität und Verlässlichkeit vermitteln, mehr als Signale, die Emotionalität andeuten.
Sportswear: Freizeitkleidung ist salonfähig geworden. In Amerika ist Sportswear heute praktisch überall (Ausnahme: Geschäftswelt) erlaubt.

MERKE!

Seriosität wird eher durch die klassischen Business-Farben – grau, blau, schwarz – signalisiert als etwa durch rot oder gelb.

Sportswear-Mode wurde zuerst von schwarzen Rappern und Hip-Hoppern bei jeder Gelegenheit getragen. Vorher trug man Sportswear nur beim Sport. Mittlerweile sieht man – vor allem junge Leute – auf der Straße, im Supermarkt, in der Kneipe in Sweat-Shirts, Kapuzenjacken, weiten Trainingshosen und Ähnlichem.

In der Textilbranche gilt die Sportswear als bedeutender Wachstumsmarkt. Mittlerweile nehmen sich auch die Modeschöpfer des Freizeitlooks an. Die Prognose lautet: Die Sportswear der Zukunft wird originellere Designs und Materialien haben. Sportswear wird aufgewertet werden.

MERKE!

Freizeitkleidung ist salonfähig geworden. Trotzdem kann man sie nicht überall tragen.

Wann kann ich Sportswear tragen, wann nicht?

Sportswear setzt sich im Alltag zwar vermehrt durch, trotzdem ist es nicht empfehlenswert, bequeme Sportkleidung zu jeder Gelegenheit zu tragen. Wo können Sie nun im Freizeitlook erscheinen, wo nicht?

Grundwissen

- Schule: Schüler tragen Sportswear (es ist, außer in katholischen Privatschulen, üblich und damit als Umgangsform weitgehend akzeptiert), Lehrer tragen sie nicht.
- Supermarkt, Postamt: Das eine oder andere gut geschnittene Teil mag ja ansprechend aussehen. Aber in einem schwarzen Trainingsanzug mit lila Streifen, weißen Socken und Badesandalen macht man nirgendwo eine gute Figur. Sportswear: eher nein.
- Spazierengehen, Skaten, Joggen, Radfahren: selbstverständlich in Sportswear.
- Ausgehen: In Cafés und Kneipen, im Theater, Ballett und Konzert sieht man im Freizeitlook aus, als hätte man vergessen, sich umzuziehen. Sportswear: nein.
- Rave: Hier ist Sportswear topmodisch.
- Büro: Auf gar keinen Fall Sportswear. Ausnahme Home-Office: Wer zu Hause arbeitet, trägt meist bequeme Kleidung. Es sieht ohnehin niemand, wie man aussieht.

Wann kann ich eine Baseballmütze aufsetzen?

Amerikaner tragen sie praktisch immer. Auch zum Wintermantel und vereinzelt zum Business-Outfit. In unseren Breitengraden empfiehlt sie sich eher für Freizeitaktivitäten und (vor allem für Männer) als Kopfbedeckung im Winter. Als modisches Kleidungsstück ist sie eine gute Alternative zu Stirnbändern, Hüten und Wollmützen. Modebewusste Herren frieren sich lieber die Ohren ab, als mit einer unvorteilhaften Kopfbedeckung herumzulaufen.

MERKE!

Als Erwachsener sollten Sie die Baseballmütze mit dem Schirm nach vorne tragen. Mit verkehrt herum aufgesetzter Kappe wirken Sie lächerlich.

Männer: Von Kopf bis Fuß

Die goldene Mode-Regel für den Herrn lautet: Ein Mann ist dann gut gekleidet, wenn man ihn wahrnimmt und registriert, er aber nicht über Gebühr auffällt.

Basisausstattung: Die Grundelemente der Garderobe

Insgesamt ist die Stimmung in modischen Belangen eher konservativ: Am meisten punktet man immer noch im Anzug.
Branchen wie Werbung, Computer oder neue Medien gelten im Allgemeinen in Kleidungsfragen als offener. Hier werden lockere Kleiderordnungen eher toleriert als in traditionellen Geschäftsbereichen. Der Grund: Modische oder extravagante Kleidung symbolisiert oft auch Kreativität.

MERKE!

Ziehen Sie keine bunten Sakkos und grell gemusterten Krawatten an. Dezente Farben sind immer besser, weil sie neutraler und eleganter wirken.

Der Anzug

In traditionellen Bereichen des Wirtschaftslebens – Banken, Versicherungen, Dienstleistungsbereich, Industrie – dominieren gedämpfte Farben: grau, dunkelblau. Auffällig gemusterte Sakkos und bunte Farben sind hier selten anzutreffen. Man würde damit als Papagei auffallen und für einen Modekasper gehalten werden. In Kreativbereichen – Agenturszene, Filmbranche, Medien beispielsweise – sind größere modische Freiheiten erlaubt. Hier findet man sehr häufig Männer, die den Anzug mit weißem oder schwarzem

T-Shirt kombinieren (sehr cool, sehr modisch!). Diese lässige Anzug-Variante ist auch zunehmend in den traditionellen Bereichen anzutreffen. Aber Vorsicht: Beleibte Männer sollten davon Abstand nehmen. Ein sich deutlich abzeichnender Bauch verschafft einem nur Minuspunkte.

MERKE!

In der Freizeit können Männer Shorts tragen. Im Berufsleben sollte man sich niemals in kurzen Hosen blicken lassen!

Das Hemd

Bitte kein Hemd mit Hawaiimuster, sondern unifarben bzw. dezent gestreift tragen:

- Es sollte weiß, blau oder schwarz sein.
- Die Manschette sollte nie mehr als einen Zentimeter unter dem Ärmel des Sakkos hervorschauen.
- Transparente, schwarze Hemden sind geeignet für die Disko, aber nicht für den Schalterdienst bei der Bank.
- In seiner schlimmsten Form ist das Hemd bis zum Bauchnabel geöffnet. Frauen finden dies zumeist ziemlich lächerlich. Man sieht in dieser Aufmachung auch eher so aus, als würde man dem Beruf eines Zuhälters nachgehen.

Die Shorts

Kurze Hosen sind der Garant für ein lächerliches Image. Die schlimmste Variante der Shorts: kombiniert mit Socken oder Kniestrümpfen und Sandalen.

MERKE!

Wenn Sie etwas haben wollen im Leben – Geld, einen Job oder Kredit von der Bank – tragen Sie eine Krawatte. Sie werden Erfolg haben.

Die Krawatte

Ein amerikanischer Autor testete den gesellschaftlichen Erfolg der Krawatte auf folgende Weise: Er stellte sich in New York auf einen Busbahnhof und gab sich als jemand aus, der kein Geld hat. Er versuchte, sich von den Passanten das Geld für den Bus auszuleihen. Einmal hatte er einen Anzug an, aber keine Krawatte; dann trug er Anzug und Krawatte. Der Erfolg bei der Variante mit Krawatte war ungleich höher. Er nahm fast das Vierfache ein als ein Nicht-Krawattenträger.

Grundwissen

Die Krawatte verleiht einem Mann Autorität. Sie ist ein Symbol dafür, dass man in der beruflichen Hierarchie einen gewissen Rang bekleidet. Darüber hinaus erlaubt sie modische Statements. Für Männer in höheren beruflichen Positionen ist die Krawatte eine Möglichkeit, ihre Persönlichkeit zu unterstreichen. Das Krawattenmuster darf originell und eine Spur auffallend sein. Diese „Kühnheit" wird durch die Strenge des Anzugs wettgemacht. Aber durch die Wahl eines originellen Krawattenmusters kann man sich von den vielen anderen Männern in grauen oder dunkelblauen Anzügen unterscheiden.

MERKE!

Krawatte und Stecktuch sollen nicht dieselbe Farbe haben!

Die Fliege

Sie wirkt im Alltag arrogant und snobistisch. Als Krawattenersatz ist sie nicht mehr zu gebrauchen. Allzu viele wollten auf diese Weise modische Originalität beweisen, wirkten aber nur wie Relikte aus längst vergangenen Zeiten. Im Alltag: nein; für Bälle: ja.

Socken

Niemals!

Regel Nr. 1: Socken dürfen nicht so kurz sein, dass die Haut zu sehen ist, wenn im Sitzen das Hosenbein hochrutscht. Dies wirkt unschön, manche bezeichnen es sogar als vulgär. Vor allem bei formaler Kleidung ist dies eine Todsünde! Deshalb: Eher Kniestrümpfe als Socken tragen.

Regel Nr. 2: Tragen Sie keine weißen Socken. Sie sehen nach Freizeitkleidung aus und schaffen Ihnen ein Imageproblem.

Material: glatte oder gerippte Baumwolle zum Anzug oder zur Anzugkombination; zum Smoking trägt man Seidensocken.

Farbe: Laut Etikette sollen die Socken im Ton des Anzuges gehalten sein. Gedeckte Farben wie dunkelblau, braun, schwarz, eventuell dezent gemustert, gelten als salonfähig. Vorsicht bei Witz-Motiven: Nicht jeder Geschäftspartner findet Socken mit Comicfiguren wie Fred Feuerstein oder Mordillo komisch.

MERKE!

Keine Socken zu tragen, ist nur bei Freizeitkleidung akzeptabel. Im Geschäftsleben gilt es als Fauxpas.

No socks: Männer, die Modebewusstsein demonstrieren wollen, verzichten gerne auf Socken und tragen bei entsprechendem Wetter zur Freizeithose nur Turnschuhe oder Slipper ohne Socken.

Die Unterwäsche

Verhalten Sie sich bei der Wahl Ihrer Unterwäsche gemäßigt konservativ.

- Der Tanga für den Mann ist tabu. Er sieht darin nicht männlich, sondern lächerlich aus.
- Der klassische weiße Feinripp-Slip hat zwar ein Opa-Image, aber gilt als praktisch und gut.
- Boxershorts werden angeblich von Frauen lieber am Männerkörper gesehen als der Feinripp-Slip. Das ist Geschmackssache.
- Lange Unterhosen wärmen ganz bestimmt, können aber erotische Momente empfindlich stören.

MERKE!

Tragen Sie klassische schwarze oder braune Schuhe. Graue oder weiße Schuhe sind tabu.

Die Schuhe

Gute Schuhe braucht der Mann. Sparen Sie nicht, sondern tragen Sie Qualität. Ausgetretene, ungeputzte Schuhe mit schiefen Absätzen wirken ungepflegt. Gerade bei Vorstellungsgesprächen wird oft ein kritischer Blick auf die Schuhe geworfen.

Die Turnschuhe

Bei Turnschuhen gibt es gewaltige Unterschiede: Ausgelatschte, fünfzehn Jahre alte Turnschuhe sind vielleicht für ein Rave geeignet, aber sicher nicht fürs Büro. Die Kombination Anzug, T-Shirt plus teure Marken-Turnschuhe kann sich in einer Werbeagentur oder einer Computerfirma superschick machen, weniger aber bei einem Versicherungskaufmann. Manche Leute würden sein Auftreten als unseriös einschätzen. Hightech-Turnschuhe, die die heutige Jugend besonders gerne trägt, sollten dieser Altersgruppe vorbehalten bleiben. An älteren Personen wirken sie, außer beim Sport, fehl am Platz.

Modische Accessoires

Der Rucksack

Er ist zwar modisch und praktisch und auch gut für den Transport von Unterlagen geeignet, hat aber einen Touch von Freizeitlook. Wichtige Konferenzen und Geschäftstermine absolviert man besser mit einem klassischen Aktenkoffer aus schwarzem, dunkelrotem oder anthrazitfarbenem Leder.

MERKE!

Für die Freizeit ist ein Rucksack okay. Im Geschäftsleben sollte es ein Aktenkoffer sein.

Das Halstuch

Es ist ein kapriziöses Accessoire und gibt dem Träger einen leicht aristokratischen Touch. Dies ist manchmal durchaus beabsichtigt. Wenn Sie aber nicht wie ein britischer Landadeliger aussehen möchten, tragen Sie lieber keines. Wenn ja, pflegen Sie diesen Stil auch bei Ihrem restlichen Outfit: blaues Hemd, graue Hose, marineblauer Blazer, rot-blaues Halstuch, rotes Stecktuch.

Die Hosenträger

Michael Douglas trug sie im Film *Wall Street*, (rot-weiß mit blau eingestickten Dollarzeichen), doch heute wirken sie etwas antiquiert. Grundsätzlich aber ist gegen Hosenträger nichts einzuwenden.

- Bei der Arbeit sind sie, vor allem für beleibtere Männer, sehr praktisch, da kein enger Gürtel Bauchschmerzen verursacht und durch ständig rutschende Hosen die Konzentration auch nicht gestört wird.
- Sie sollten dezent oder witzig, auf keinen Fall angeberisch sein.
- Wie das Beispiel des amerikanischen CNN-Reporters Larry King zeigt, kann man durch hartnäckiges Tragen Hosenträger auch zum persönlichen Markenzeichen machen.
- Vergessen Sie nicht, ein Sakko über den Hosenträgern zu tragen.

Der Schal

Die aufdringliche Lässigkeit des Schals als Modeaccessoire wird oft als nervig empfunden. Und den „Künstlerschal“, ein bedruck-

MERKE!

Vorsicht beim Tragen von Schals: Bestimmte Farben werden als politische Meinungsäußerungen gedeutet.

tes Seidentuch als Erkennungszeichen des Intellektuellen (besonders beliebt in Frankreich), mag auch keiner mehr sehen.
In letzter Zeit sind Schals als Politikermarkenzeichen bekannt geworden. Der ehemalige Berliner Bürgermeister Momper lief immer mit einem roten Schal herum, Jörg Haider wählte blaue Schals. Deshalb: Schals in diesen Farben meiden!

Der Hut

Er war früher ein selbstverständliches Accessoire und durfte bei keinem Mann im Kleiderschrank fehlen. Heute kann er sich kaum noch behaupten. Zu stark ist die Übermacht von Baseballmützen und anderen sportlichen Kopfbedeckungen. Hüte wirken für unsere heutige Zeit eine Spur zu förmlich und werden obendrein als unbequem empfunden.

Grundwissen

Heute trägt man Hut,
- wenn man sich als gepflegter Herr in den besten Jahren darstellen will.
- wenn es regnet oder man Lust hat, wie Humphrey Bogart im Trenchcoat und mit hoch geschlagenem Mantelkragen durch die Straßen zu laufen.
- wenn man kurz geschnittene Haare und ein markantes Gesicht hat und einmal wie Privatdetektiv Philip Marlowe aussehen möchte.

Niemals!

Keinesfalls Hut tragen
- sollten Männer mit langen Haaren. Sie würden wie ein Doppelgänger von Udo Lindenberg wirken.
- Männer, die von kleiner Statur sind. Der Hut wirkt erdrückend.

Die Brille

Kühne Experimente mit Farben und Formen sind fehl am Platz. Die Lesebrille, die auf der Mitte des Nasenrückens sitzt und über die man drüberschaut, macht alt und nicht intellektuell. Lustige, bunte oder dreieckige Brillen machen den Mann mehr zum Kasper als zum Modeexperten.

MERKE!
Die gut gewählte Brille darf ein Gesicht nicht „erschlagen", sondern sie soll dezent sein. Qualität zählt mehr als modisches Zierrat.

Schmuck

Früher galt die Regel: An Männerhände gehört kein Schmuck, außer dem Ehering natürlich. Ältere Herren, die zeigen wollten, wie wichtig sie waren, trugen traditionellerweise protzig wirkende Siegelringe. Heute hat sich der Umgang mit Schmuck durch den kulturellen Einfluss der Jugendkultur und die neuen Männerbilder (Styling ist gefragt!) geändert. Vor allem junge Männer tragen gerne eine Vielzahl von Ringen (auch am Daumen!) als modische Accessoires. Zum Ausgehen und in der Freizeit ist dies absolut in Ordnung.

Grundwissen

In der Arbeitswelt zeigt man im Allgemeinen Zurückhaltung in modischen Belangen. Kompetenz und Glaubwürdigkeit lässt sich durch ein seriöses und nicht verspieltes Styling besser vermitteln. Lieber auf Armreifen und Ringe verzichten!
Tragen Sie keine betont modischen Stücke wie Swatch oder Casio-Uhren zum Anzug. Dies erzeugt einen eher seltsamen Gesamteindruck. Solche Uhren passen hervorragend zu Alltags-, und Freizeit-Outfits. Zum Business-Anzug aber gehört eine gediegene Uhr, die Qualität ausstrahlt.

Ohrringe

sind bei Männern etwas aus der Mode gekommen. Der unauffällige, kleine Ohrstecker, der früher einmal eine bestimmte sexuelle Neigung andeutete, wurde in den 70er Jahren zum Allerweltsschmuck fortschrittlich eingestellter Männer. Der Ohrstecker erregt heute keine Aufmerksamkeit mehr. Er wirkt vielleicht sogar eine Spur altmodisch. Große, runde Seeräuberohrringe oder ein ganzes Bündel von Ohrringen fallen hingegen schon auf. Um der seriösen Erscheinung willen sollte man sie besser in der Freizeit ausführen.

MERKE!
Ohrringe bei Männern wirken heute schon fast altmodisch.

Das Aussehen

Die Frisur

Lange Haare sind bei vielen Unternehmen – Ausnahme: der Medien- und Kreativbereich – nicht gerne gesehen, so das Ergebnis einer Umfrage unter Personalchefs aus deutschen Unternehmen. Vor allem Versicherungen, Unternehmensberatungen, die Autoindustrie usw. beurteilen lange Haare negativ.

MERKE!

Verstecken Sie Ihre Glatze nicht! Am besten sieht bei Haarausfall sehr kurz geschnittenes Haar aus. Nicht vergessen: Manche Frauen finden Glatzen erotisch.

Die Glatze

Sie ist aus Deutschlands Wirtschaft nicht wegzudenken. Sie ist Allgemeingut, fast jeder zweite Mann hat sie. Das Problem ist in den meisten Fällen nicht die Glatze, sondern der Umgang der Männer damit. Unvorteilhaft sieht es aus, wenn dünne Strähnen sorgfältig über die Glatze gekämmt werden. Die Kopfhaut schimmert durch und das schüttere Haar kommt noch deutlicher zur Geltung. Ob Geheimratsecken, Stirn-, Halb-, Voll- oder Tonsurglatze: Sie können Ihren vermeintlichen Makel sowieso nicht verbergen. Seien Sie ein Mann – stehen Sie dazu. Ihr Selbstvertrauen wird es Ihnen danken.

Der Bart

Einst galt er als Zeichen männlicher Kraft. Heute wird er in erster Linie unter modischen Aspekten gesehen. Hier diktiert der zu einer Saison aktuelle Look den Schnitt und die Länge des Bartes. Einmal ist der Ziegenbart (vom Kinn abstehend), dann der Latinobart (nur kinnbedeckend), dann der „Klodeckelbart“ (Kinn und Wangen) aktuell. Jüngere Männer, die nicht in Führungspositionen in der Wirtschaft tätig sind, können es sich durchaus erlauben, mit den diversen Bartmoden zu experimentieren.

Problematisch ist der klassische Vollbart, wie ihn beispielsweise der Musiker und Fernsehunterhalter Jürgen von der Lippe trägt. Psychologen sagen über den Vollbart-Typus, er verberge sein wahres Gesicht. Der Vollbart wirkt in den meisten Fällen auch nicht verschönernd, sondern wie ein Störfaktor im Gesicht.

Tragen Sie keinen Bart, so muss glatt rasiert nicht bedeuten glatt wie Babyhaut. Auch hier sind Abstufungen durch die modische Variante Dreitagesbart möglich, der sehr beliebt in Kreativberufen wie Grafiker, Schauspieler usw. ist.

MERKE!

Seriöser und gepflegter wirkt im allgemeinen Verständnis das bartlose Gesicht.

Tattoos und Piercings

Tätowierungen werden meistens an Stellen getragen, die im normalen Berufsalltag ohnehin nicht sichtbar sind: Schultern, Oberarme ...

Piercings, also Schmuckstücke wie Nasen- oder Augenbrauenringe, sollte man im Berufsleben nur tragen, wenn man in einem Piercing- oder Tattoo-Studio oder bei einer Rockband arbeitet. Hinter dem Kundenschalter einer Bank machen sich Piercings nicht gut.

Körperpflege

Die Zeiten, in denen Männer, die Eau de Toilette verwendeten, für unmännlich und „weibisch" gehalten wurden, sind vorbei. Für den Mann von heute gehört die Verwendung von Aftershave, Eau de Toilette, Deo und anderen Pflegeprodukten zum Standard.

Lassen Sie von Billigdüften aus dem Drogeriemarkt die Finger! Solche Produkte sind nicht nur billig, sie riechen auch so. Legen Sie Wert auf Qualität – Frauen riechen so etwas. Männer, die kein Eau de Toilette verwenden und meinen, ihr natürlicher Geruch würde betörend genug wirken, gelten bei vielen Frauen als unmodern und altmodisch.

Wählen Sie Ihren Duft sorgfältig aus. Durch die Wahl eines Eau de Toilette, das zu Ihnen passt, können Sie noch interessanter wirken, als Sie ohnehin schon sind. Etwas pathetisch ausgedrückt, könnte man sagen, ein Parfum ist ein Spiegel der Persönlichkeit.

Wahrscheinlich werden Sie als junger, modisch interessierter Mann sich nicht für einen Duft entscheiden, dem ein „Altherrenimage" anhaftet. Umgekehrt wirken Herren mit Mitte 60, die sich mit Modedüften besprühen, etwas komisch.

MERKE!

Seien Sie bei der Auswahl eines Herrenparfums oder Eau de Toilette sorgfältig. Welcher Duft zu Ihnen passt und welcher nicht, hängt von Ihrer Haut, Ihrem natürlichen Geruch und dem Image, das Sie vermitteln möchten, ab.

MERKE!

Nur ein gepflegter Mann hat heute Erfolg bei den Frauen. Körperpflege ja, Düfte auch, aber in Maßen! Parfümieren Sie sich niemals zu großzügig.

Ein Mann, der zu viel des Guten tut und stark parfümiert herumläuft, wirkt nicht männlich, sondern affig. Es genügt, das Eau de Toilette morgens nach dem Duschen auf Brust und Rücken zu verteilen. Aftershave allein kann zu wenig sein. Wasser und Kernseife reichen auf gar keinen Fall.
Gewonnen hat, wer es versteht, einen unaufdringlichen, aber deutlich wahrnehmbaren Duft in der richtigen Dosierung – nicht zu wenig, nicht zu viel – zu verwenden. Er beweist Körperbewusstsein und Aufmerksamkeit weiblichen Wünschen gegenüber. Frauen mögen nämlich Männer nicht, die keinen Wert auf Körperpflege legen. Und solche, die schlecht riechen, schon gar nicht.

Niemals!

Die modischen Todsünden der Männer:

- Die Fönfrisur macht aus Ihnen einen Dandy.
- Eine breite, quer über die Glatze geklebte Haarsträhne kaschiert den Schönheitsfehler nicht, sondern betont ihn.
- Die Herrenhandtasche lässt unweigerlich jeden Mann wie ein Männchen aussehen. Frauen interpretieren Herrenhandtaschen-Typen zumeist als klein, unwichtig und uninteressant. Wenn Sie Ihre Sachen nicht in der Sakko- oder Manteltasche verstauen können, verwenden Sie lieber einen modischen Rucksack oder für Geschäftstermine einen dezenten Aktenkoffer.
- Weiße Socken zu Straßenschuhen sehen billig und niveaulos aus.
- Billige, schmale Lederschlipse wirken vulgär.
- Shorts und Sandalen: Fast niemand, außer Sexsymbolen wie dem Schauspieler Til Schweiger oder dem Supermodel Markus Schenkenberg, kann sich diese frivole Kleidung leisten. Aber auch solche Männer tragen nur selten Shorts und Sandalen, weil auch sie wissen: Mann macht darin eine schlechte Figur.
- Netzunterhemd statt T-Shirt im Sommer: Damit outen Sie sich sogar am Baggersee als Prolet.

Frauen: Von Kopf bis Fuß

Früher stellte man genaue Regeln auf, zu welcher Tageszeit Frauen welche Kleidung tragen durften. Berufstätigkeit für Frauen war noch nicht selbstverständlich und man ging offenbar davon aus, dass die „Dame von Welt“ ohnehin nichts Besseres zu tun hatte, als sich permanent umzuziehen. Tagsüber trug man ein einfaches Kleid oder Kostüm im so genannten „englischen Stil“, nach dem Nachmittagstee wurde es dann „französisch“: Die Kleider mit Dekor und Rüschen wurden ausgepackt. Steigerungen davon waren Cocktail- und Abendkleid.

Die Modeschöpferin Coco Chanel räumte Mitte des 20. Jahrhunderts mit den anstrengenden Stundenplänen für die Mode der Frauen auf. Sie erfand nicht nur *Chanel No 5*, den Prototyp des Designerparfums, sondern auch das all-around-the-clock-Kleid. Es war aus einem bequemen Material wie Jersey und hatte den entscheidenden Vorteil, dass es von morgens bis abends getragen werden konnte. Es passte für jede Gelegenheit. Heute ist die Grundanforderung an modische Frauenkleidung, dass man rund um die Uhr passend angezogen ist: tagsüber im Büro ebenso wie abends im Restaurant.

Basisausstattung: Die Grundelemente der Garderobe

Grundwissen

In keinem Kleiderschrank einer Frau sollten fehlen:

- mehrere weiße Baumwollhemden oder -blusen
- ein Hosenanzug in gedeckten Tönen: grau, schwarz, dunkelblau oder braun. Diese Farben strahlen Kompetenz aus. Daher sind die klassischen Business-Outfits in diesen Tönen gehalten.
- Kostüm (ebenfalls in diesen Farben)
- Jeans
- ein schlichtes Kleid in Schwarz (als Cocktailkleid und für offizielle Termine verwendbar)

Farben

- Bunte und sehr grelle Farben – hellblau, rot, lila, froschgrün – sollten bei Jacken, Hosen und Röcken der Freizeitgarderobe vorbehalten bleiben.
- Bei T-Shirts, Pullis, Blusen wirkt ein bisschen bunt oft erfrischend. Dunkle Hosenanzüge werden durch gelbe, rote oder hellblaue Blusen oder T-Shirts aufgelockert.
- Helle Töne wie beige eignen sich als Farbe für Hosenanzüge und Kostüme. Sie werden gerne mit pastellfarbenen Blusen und T-Shirts kombiniert. Frauen, die einen sehr hellen Teint und helle Haare haben, sollten bei diesen Farbkombinationen aber vorsichtig sein: Sie machen blass!

MERKE!

Die Basisgarderobe der modernen, erfolgreichen Frau besteht aus weißer Bluse und Hosenanzug oder Kostüm in schwarz, grau oder dunkelblau.

Rock oder Hose?

Früher war Frauen das Tragen von Hosen nur zu bestimmten Gelegenheiten gestattet. Wenn es kalt war, wenn man arbeitete, wenn man Sport trieb.

Grundwissen

Rock und Hose sind im Schrank der Frauen gleichwertige Kleidungsstücke. Die elegante, gut geschnittene Hose könnte sogar dem Rock als feminines Kleidungsstück den Rang ablaufen. Sie ist praktischer: Man braucht nicht auf Laufmaschen zu achten und kann zu Hosen bequemere Schuhe tragen.
Der Rock bzw. das Kostüm wirkt im Vergleich zum Hosenanzug eine Spur eleganter.

Modische Accessoires

MERKE!

Im Büro sind nackte Beine tabu.

Die Strümpfe

Strümpfe trägt die moderne Frau im Prinzip immer. Dabei sollte sie im Büroalltag Feinstrumpfhosen unter einem Rock bzw. Feinstrümpfe unter einer Hose tragen. Sie wirken eleganter als Wollstrümpfe. Ausnahmen: am Strand, im Urlaub, beim Sport, beim Wandern, beim Joggen ...

Die Schuhe

Hier ist gute Qualität die Grundvoraussetzung. Der Schuh ist der Abschluss eines Outfits und sollte dezent sein. Deshalb: Wählen Sie dunkle Töne (schwarz, braun). Weiße Schuhe zu Business-Outfits gelten als geschmacklos. Achten Sie auf gepflegte Schuhe. Abgetragene, ungeputzte Schuhe fallen viel mehr auf als ein tadelloses, dezentes Paar.

Tragen Sie zum Hosenanzug am besten Stiefeletten, zum Kostüm Pumps mit halbhohen Blockabsätzen. Die oft gesehene Kombination Hose und Pumps mit schmalem Absatz ist ein Grenzfall: Sie wird zwar akzeptiert, doch wirken diese Schuhe zu Anzügen oft unpassend, weil sie zu zierlich sind.

Weiße Fransenstiefel werden in bestimmten Kreisen gerne mit Jeans-Shorts kombiniert. Für den Besuch der Karl-May-Festspiele ist man damit sicher passend angezogen, im Berufsalltag allerdings nicht. Hochhackige Schuhe sind wieder aktuell geworden. Für den Alltag eignet sich solches Schuhwerk jedoch nicht: Die Kombination kurzer Rock und hoher Absatz lässt Frauen schutzbedürftig und unselbstständig erscheinen. Setzen Sie Ihr Renommee nicht aufs Spiel.

MERKE!

Tragen Sie hochhackige Schuhe nur zu knie- oder knöchellangen Röcken und weiten Hosen.

Der Hut

Früher war er auf den Köpfen der Damen praktisch angeklebt. Sogar beim Essen und beim Tee behielt man ihn auf. Heute trägt man Hüte nur noch beim Pferderennen in Ascot, wenn man der königlichen Familie angehört, zu offiziellen Trauerfeiern und Beerdigungen und Hochzeiten in der High Society.

MERKE!

Im Alltag ist der Hut als Modeaccessoire hoffnungslos out.

Die Handschuhe

Früher trugen Frauen praktisch immer und überall Handschuhe. Sie hatte ja auch weder Handy noch Computertastatur zu bedienen. Heute trägt man Handschuhe zur Ballgarderobe und, wenn es kalt ist.

MERKE!

Erscheinen Sie zu wichtigen Geschäftsterminen nicht mit Rucksack. Er ist zu salopp. Ersetzen Sie ihn durch eine Handtasche in schwarz, bordeaux oder braun.

Die Handtasche

Kleine, zierliche Taschen sind vielleicht modisch, aber unpraktisch. Sie eignen sich allenfalls für eine Abendeinladung. Sehr praktisch, aber manchmal unpassend ist der „City-Bag", auch Rucksack genannt. Zu Geschäftsterminen ist ein Aktenkoffer vorzuziehen.
Eine grellrote Handtasche ist zwar topmodisch, aber für den Berufsalltag zu auffallend. Die Tasche sollte praktisch (verschiedene Fächer sind von Vorteil, weil man nicht nach Unterlagen kramen muss), schlicht und strapazierfähig sein. Wählen Sie Farben, die zu Kleidung und Schuhen passen: schwarz, braun, bordeaux.
Sparen Sie nicht am falschen Platz: Accessoires wie Schuhe, Gürtel, Sonnenbrille, Uhr und Handtasche sollten Qualität beweisen.

Schmuck

Schmuck soll den Menschen schmücken. Finger weg von zu viel Schmuck! Behängen Sie sich nicht wie einen Christbaum. Tragen Sie einige ausgewählte Stücke. Ein, zwei Ringe und dezenter Ohrschmuck – damit geht man nicht fehl. Halsketten lenken den Blick auf das Gesicht. Perlenketten hingegen sind für den Büroalltag eine Spur zu edel. Sie eignen sich besser für besondere Gelegenheiten wie einen Theater- oder Restaurantbesuch. Im Zweifelsfall gilt: Lieber gar kein Schmuck als billig aussehende Klunker.

Das Aussehen

Die Frisur

- Betonfrisuren, hergestellt mit Lockenwicklern, Lockenschere und Unmengen von Haarspray, lassen jede Frau viel älter aussehen, als sie ist.
- Silberblonde Strähnchen in dunklen Haaren machen ältlich.
- Herausgewachsene Dauerwellen sehen ungepflegt und schlampig aus.
- Jugendliche tragen gerne bunte Farben am Kopf: Karottenorange, Zinnoberrot, Grasgrün, Kobaltblau liegen im Trend. Der Stil mag

für Techno-Umzüge und als Ausgeh-Look gut geeignet sein. Auch wenn man sich als Diskjockey bei einem Musiksender vorstellt, kann sich die bunte Frisur gut machen. Wird man allerdings bei der Hausbank wegen eines großzügigeren Überziehungsrahmens für das Jugendkonto vorstellig, ist es besser, vorher die Farbe aus den Haaren zu waschen. Sachbearbeiter in solchen Institutionen können entsetzlich konservativ sein.

- Die verführerische, wallende Lockenmähne eignet sich abends zum Ausgehen. Tagsüber im Büro ist es im Zweifelsfall besser, lange Haare zusammenzubinden oder mit einem Kamm hochzustecken. Wichtig ist: Gebändigt müssen sie sein. Das wirkt seriöser, und Männer laufen nicht Gefahr, vom Geschäftlichen abgelenkt zu werden.

MERKE!

Für die Frisur gilt: Sie muss natürlich wirken, praktisch sein und zum Typ passen.

Das Parfum

Wählen Sie Ihr Parfum sorgfältig aus. Kaufen Sie es erst, wenn Sie ganz sicher sind: Das ist mein Duft. Er passt zu mir. Im Idealfall entwickelt sich das Parfum harmonisch und ausgeglichen auf der Haut.

Die Entscheidung für einen bestimmten Duft ist immer auch eine Image-Entscheidung: Sie signalisiert, wie Sie sich selbst sehen, und wie Sie gesehen werden wollen. Die Auswahl ist nicht mehr so einfach wie früher. Damals galt die Faustregel: ein frischer, grüner Duft für die Blondine, eine schwere, orientalische Note für die Dunkelhaarige.

Wählen Sie für tagsüber lieber ein dezentes als ein zu aufdringliches Parfum. Schwere, sinnliche Düfte sind für das abendliche Ausgehen besser geeignet. Aber Vorsicht: Parfümieren Sie sich auf keinen Fall zu stark!

Parfum entfaltet sich besonders harmonisch auf natürlichen Fasern wie Baumwolle, Leinen oder Wolle. Auf synthetischen Fasern entwickelt es sich schneller und hält nicht so lange an. Tragen Sie Parfum auf jene Stellen des Körpers auf, wo das Blut am stärksten

MERKE!

Ein Parfum ist dann richtig dosiert, wenn Sie es selbst gerade noch riechen. Ihre Umwelt wird den Duft dann als angenehmen Hauch wahrnehmen.

zirkuliert: Handgelenke, Nacken, Schläfen, Kniekehlen, Dekolletee. Dort hält sich der Duft am längsten.

MERKE!

Superlange Raubtierkrallen sind bei der Arbeit fehl am Platz. Der Nagellack sollte nicht zu grell, sondern dezent sein (transparent, hellrosa, weiß).

Make-up

Zu grelles Make-up lässt das Gesicht maskenhaft erscheinen. Außerdem macht es älter.

Das ideale Tages-Make-up sieht natürlich aus: Man ist geschminkt und sieht doch nicht so aus. Meiden Sie tagsüber knallige Farben bei Rouge und Lidschatten. Es ist vorteilhafter, näher am Hautton zu bleiben. Falls Sie wie die meisten Leute nur künstliche Beleuchtung im Badezimmer haben, überprüfen Sie Ihr Make-up bei natürlichem Licht, bevor Sie das Haus verlassen. Stellen Sie sich an das Fenster und werfen Sie einen Blick in den Taschenspiegel. Nicht gleich wegschauen, sondern zu dick aufgetragene Schminke entfernen. Auch Ihre Fingernägel sollten nicht Raubtierkrallen ähneln, sondern dezent aussehen. Mit zu langen Fingernägeln lässt sich kaum ein Computer bedienen.

Das Auftreten: Typische weibliche Fehler

Ein häufig auftretender Fehler ist, beim Sprechen die Hand vor den Mund zu halten und betont leise zu reden. Durch beide Verhaltensweisen machen Sie sich unbedeutender, als Sie sind. Die anderen haben Mühe zu verstehen, was Sie sagen. Niemand verlangt, dass Sie herumbrüllen, doch drücken Sie sich ganz einfach klar, deutlich und in allgemein verständlicher Lautstärke aus.

Fast ebenso häufig trifft man bei Frauen das rücksichtslose Zurückwerfen langer Haare an. Wer sich gerade in der Nähe aufhält, bekommt die Haarwoge ins Gesicht geschleudert – sicherlich nicht angenehm.

MERKE!

Je mehr Haut Frauen zeigen, um so weniger Autorität haben sie, lautet ein Leitspruch.

Die modischen Todsünden der Frauen

Frauen müssen mehr als Männer auf die Symbolik der Kleidung achten. Im Berufsleben sollten erotische Signale nur sehr dosiert eingesetzt werden. Dies hat weniger mit Moral als mit der Gefahr zu tun, von vornherein als inkompetentes Männerspielzeug abgetan zu werden. Wenn Sie gerne ausgeschnittene Sachen tragen, kombinieren Sie sie mit Hosen und tragen Sie ein Sakko darüber. Bei Geschäftsterminen knöpfen Sie es zu.

Niemals!

Vermeiden Sie in der Öffentlichkeit Kombinationen, die Ihren Sexappeal überbetonen oder sehr unvorteilhaft sind:

- Ledershorts und hochhackige Schuhe
- Stretch-Minis und Highheels
- kurze Röcke und hochhackige Stulpenstiefel
- tiefe Dekolletees und kurze Röcke
- hautenge Leggings bei jeder Gelegenheit
- Hosenröcke: Man kann tun, was man will, aber ein Hosenrock lässt jede Frau klobig und grob wie einen Klotz erscheinen.
- Faltenröcke: Sie machen aus der Frau eine Matrone und lassen sie brav, bieder und ältlich erscheinen.

Ausstrahlung und Persönlichkeit

Was ist Ausstrahlung?

Tag für Tag ist im Fernsehen zu hören und in den Lifestyle-Magazinen zu lesen: Ausstrahlung und Persönlichkeit – das sind die Erfolgsfaktoren von heute. Aber was ist damit gemeint? Wann hat jemand Ausstrahlung?

Mit Schönheit hat sie nichts zu tun, eher mit Unverwechselbarkeit und Einzigartigkeit. Der Modeschöpfer Karl Lagerfeld, zweifellos eine Autorität auf dem Gebiet der Ästhetik, sagt dazu: „Ein Mensch ist eine Persönlichkeit, wenn er nicht mit anderen verglichen wird.“ Dies passt wiederum zu einem anderen Thema, das in aller Munde ist: Individualisierung. „Sei wie du bist! „ – „Mache nicht die anderen nach, erfinde dich selbst.“

Solche Botschaften werden uns heute von Werbespots vermittelt. Das ist sympathisch, weil dadurch auch nicht-optische Qualitä-

MERKE!

Ausstrahlung lässt sich bis zu einem gewissen Grad erlernen. Kultivieren Sie eine Ihrer Eigenschaften wie Witz, Esprit oder Ihre aufregende Stimme.

ten wie Charme, Witz, Esprit, Eigensinn, Originalität und persönlicher Geschmack aufgewertet werden. Als allgemein anerkannte, positive Ausstrahlungskonstanten gelten heute Selbstvertrauen und Humor.

Mode im Urlaub

Urlaubsmode im Sommer

MERKE!

Tragen Sie Badekleidung und nicht winzige Stoffstückchen am Körper. Wer zu wenig anhat, betont die Nachteile der Figur!

Strandkleidung: Meiden Sie neben Stringtangas unbedingt neonfarbene, kaum körperbedeckende Bikinis. Dunkle, unifarbene Badeanzüge und -hosen lassen auch etwas zu üppige Menschen schlanker erscheinen. Praktisch sind sie allemal: Sie kaschieren, es werden keine brisanten Körperstellen eingeklemmt, nichts kann verrutschen und Sie in peinliche Situationen bringen.

Wie kleide ich mich tagsüber?

Im Prinzip, wie Sie wollen, aber auf keinen Fall in Bermudas. An 99 Prozent der Menschen, egal ob Mann oder Frau, sehen sie nämlich hässlich aus. Männer in Bermudas gleichen Pfadfindern, Frauen ähneln Kisten auf Beinen.

Natürlich sollen Sie im Urlaub bequeme Sachen tragen, sonst könnten Sie ja gleich im Büro bleiben. Aber Bermudas müssen es nicht sein, wo es heute doch all die schicken Sportswear-Teile mit Designer-Logo gibt. Außerdem sieht jede locker sitzende, leichte Sommerhose besser aus als ein Bermuda-Ungetüm.

Wie kleide ich mich zum Abendessen?

Sie brauchen sich nicht anzuziehen wie für einen Opernbesuch, aber Shorts und Badesandalen sind auch für das Buffett beim All-Inclusive-Arrangement nicht das Richtige. Manche Herren finden es nicht einmal der Mühe wert, ihre Bäuche und Brustbehaarung durch ein T-Shirt zu bedecken!

Tragen Sie als Mann einen Sakko über Ihrem T-Shirt oder Hemd und dazu eine leichte Sommerhose. Es macht keinen guten Eindruck, wenn die Kellner besser gekleidet sind als die Gäste.
Für Frauen ist ein leichtes Sommerkleid oder eine schicke Leinen- oder Baumwollhose mit entsprechender Bluse oder einem Hemd ideal.

MERKE!

Badekleidung und kurze Hosen sind auch im Urlaub beim Essen tabu.

Urlaubsmode im Winter

Als Skifahrer und Snowboarder sollten Sie sich vorher über die Kleidervorschriften in dieser Szene informieren. Dies gilt besonders für den Trendsport Snowboard.

Unabdingbare Accessoires:

- eine beschlagfreie Schneebrille (ein modisches Must!), das mitunter auch auf Raves und anderen Veranstaltungen getragen wird
- eine schmale Wollmütze (am besten mit dem Logo einer Firma, die gerade angesagt ist)
- Hightech-Handschuhe, die wasserfest und atmungsaktiv sind
- Hosen: Sie sind wieder enger. Latzhosen gelten derzeit als besonders schick. Bei den Farben dominieren nicht mehr grelle Töne, sondern gedämpfte Farben wie Grau oder Blau.

Flirt und Beziehungen

Männer und Manieren

Umgangsformen sind ein Thema, bei dem Männer schlecht wegkommen. Die Klagen von Frauen über das schlechte Benehmen von Männern sind nur zu bekannt. Immer wieder ist zu hören:

- Männer benehmen sich wie Ferkel.
- Männer nehmen keine Rücksicht.
- Männer sind rüpelhaft und ungehobelt.
- Nur wenige haben so etwas wie Charme und Lebensart.

MERKE!

Ein Mann mit guten Umgangsformen hat von vornherein die besseren Chancen bei Frauen.

Die peinlichsten Unarten der Männer

- gegen Hauswände, Autos, Bäume und Plakatwände pinkeln
- auf die Straße spucken
- keinen Wert auf Körperpflege legen (schmutzige, ungepflegte Fingernägel, fettige Haare)
- schlechte Tischmanieren (ihr vergeht der Appetit, wenn er isst und dabei spricht oder das Essen durch lautes Schmatzen untermalt)
- während des Essens zum Handy greifen
- Zuspätkommen
- Ekel erregendes Rülpsen beim Biertrinken
- Rücksichtslosigkeiten, wie z. B. andere auf der Straße anrempeln anstatt ihnen auszuweichen
- sich beim Autofahren als Verkehrsrowdy aufführen
- sich nicht dem Tempo der Begleitung anpassen und der Dame auf der Straße davonrennen
- Faulheit im Haushalt
- allgemeiner Hang zur Unordnung
- sich in aller Öffentlichkeit an intimen Körperstellen kratzen

Die meisten Frauen finden Männer mit schlechten Manieren unerotisch und uninteressant, manche finden sie sogar abstoßend. Frauen schätzen an Männern vielmehr zwei Eigenschaften ganz besonders: Witz und gutes Benehmen.

Grundwissen

Das Fehlverhalten der Männer macht grundsätzliche Fragen der Etikette deutlich. Schlechte Umgangsfomen sind unzulässige Terrain-Aneignungen. Das heißt:

- Jemand beansprucht mehr Raum, als ihm zusteht. Er sitzt beispielsweise breitbeinig in der U-Bahn und nimmt den Sitznachbarn Platz weg.
- Jemand belästigt andere durch unangenehmen Körpergeruch oder überdurchschnittlich laute, aufdringliche Sprechweise. In diesen Bereich gehören Verhaltensweisen, die im Allgemeinen von der Umwelt als besonders unangenehm empfunden werden, wie Aufstoßen, Rülpsen, Niesen und Husten, ohne sich die Hand vorzuhalten. Die betroffenen Personen in der Umgebung sehen die Bakterien förmlich herumfliegen.

Moderne Kavaliere: Self-Marketing für Männer

Welche Eigenschaften zeichnen den modernen Kavalier aus? – Er ist selbstbewusst und nicht pubertär verklemmt. Er benimmt sich nicht wie ein Rüpel, sondern ist höflich und rücksichtsvoll. Aber er weiß: Allzu übertriebene Höflichkeitsbekundungen machen sich nicht gut. Man wirkt schnell steif, gekünstelt und unglaubwürdig. Sätze wie „Küss die Hand, meine Gnädigste“, „Darf ich mir erlauben, Ihnen eine Tasse Kaffe zu bringen?“ wirken lächerlich und altmodisch.

MERKE!
Moderne Kavaliere sind souverän und selbstbewusst und gleichzeitig aufmerksam und rücksichtsvoll.

Frauen akzeptieren keine verkrampften Tanzschuljünglinge mit Händen, die vor Aufregung so nass sind, als hätten sie Geschirr gespült. Sie suchen vielmehr einen selbstsicheren, aber aufmerksamen Mann. Auch Selbstbewusstsein überzeugt nur in der richtigen Dosierung. Wer ständig auf die Pauke haut und die eigenen Vorzüge anpreist wie saures Bier, wird als Angeber und Aufschneider wahrgenommen und nicht als interessanter Mann.

MERKE!
Gutes Benehmen ist intelligentes Marketing in eigener Sache.

Höflichkeit wird hier aber nicht als das Auswendiglernen von Regeln und Vorschriften verstanden, sondern als Form der Kommunikation. Ein höflicher Mann ist einer, der aufmerksam ist, der es versteht, auf die Wünsche seiner Partnerin einzugehen, der aber auch die Grenzen zwischen Nähe und Distanz kennt.

MERKE!

Ein Kavalier ist nichts anderes als ein aufmerksamer, rücksichtsvoller Mann.

Was versteht man unter einem Kavalier?

Der Begriff „Kavalier" stammt vom französischen *Chevalier* und bedeutete ursprünglich „Reiter" bzw. „Ritter". Im Mittelalter gab sich der Chevalier der Minne hin und besang die Dame in schönen Liedern. Dieser Brauch kam später aus der Mode. Aber immer noch hatte der Kavalier alles zu tun, was dem Wohl und der Bequemlichkeit der Dame diente.

Heute unterscheidet man zwei Sorten von Kavalieren:

- **Kavaliere der alten Schule:** Sie küssen ununterbrochen Hände, verbeugen sich, ziehen den Hut, rücken den Damen die Stühle zurecht, wenn sie sich setzen usw. Beispiele für diese veraltete Form des Kavaliers sind: Johannes Heesters, Maurice Chevalier, der Fürst von Monaco, der Zeremonienmeister des Wiener Philharmonikerballs.

MERKE!

Die Rituale der Höflichkeit gegenüber Frauen sind immer (noch) gefragt. Ein Mann, der noch nie etwas davon gehört hat und sich wie ein Brecheisen benimmt, hat wenig Chancen zu gefallen.

- **Moderne Kavaliere:** Sie kennen zwar die alten Tricks, setzen sie aber sehr gezielt und dosiert ein. Ein moderner Kavalier weiß, dass er sich mit einem ernst gemeinten Handkuss lächerlich machen würde. Er legt aber großen Wert darauf, höflich und aufmerksam gegenüber Frauen zu sein. Schließlich möchte er auf dem Gebiet der Koketterie und des Flirtens Punkte sammeln. Das Wort „Kavalier" ist im Alltag hoffnungslos veraltet. Kein moderner Kavalier würde von sich sagen: „Ich bin ein Kavalier!" Der Begriff dient ausschließlich zur Beschreibung eines bestimmten Typus männlicher Verhaltensweisen.
  Beispiele für moderne Kavaliere: Richard Gere (als *Ein Mann für gewisse Stunden*, wie der Filmtitel lautet, wird er zwar für seine Aufmerksamkeiten bezahlt, aber davon abgesehen sind seine Manieren ausgezeichnet), Gary Grant (kultivierte zumindest in seinen Filmen die Rolle des modernen britischen Gentleman).

Auf welcher Seite geht der Herr, wo die Dame?

Grundsätzlich geht der Herr links von der Dame – ein Relikt aus einer Zeit, in der der Chevalier den Degen links trug: die Dame hatte gar keine andere Wahl, als auf der rechten Seite zu gehen. Ansonsten hätte sie der Chevalier mit dem Degen in die Seite gestochen.

Die Regelung, wer auf welcher Seite zu gehen hat, wird heute lockerer gehandhabt. Man geht auf jener Seite, die praktischer ist. Beispiele:

- Der Herr trägt einen Aktenkoffer in der rechten Hand: Die Frau geht links, sonst bekommt sie den Koffer in die Kniekehlen.
- Die Dame hat eine voluminöse Tasche über der rechten Schulter hängen: Der Herr geht links, da er keine Stöße in die Seitengegend abbekommen möchte.

MERKE!

Heute ist es weniger von Bedeutung, auf welcher Seite der Mann geht. Wichtig ist, dass er nicht durch Hektik und Vorauslaufen Stress erzeugt.

Wer tut was zuerst? – Mann oder Frau?

Althergebrachte Vorrechte der Frauen

Um ihre sonstige Rechtlosigkeit auszugleichen, wurde im Laufe der Zeit den Frauen unter dem Aspekt der Höflichkeit eine Reihe von Vorrechten eingeräumt. Diese Gebräuche gehören zu unserem kulturellen Erbgut.

Grundwissen

Frauen dürfen …

- bei der Begrüßung sitzen bleiben, wenn ihnen jemand vorgestellt wird
- darauf warten, die Autotür geöffnet zu bekommen
- sich die Tür aufhalten lassen
- sich in den Mantel helfen lassen
- im Restaurant den Tisch auswählen und sich als Erste hinsetzen

MERKE!

Immer wenn Gefahr drohen kann oder etwas zu tun ist, hat der Herr den Vortritt. Wenn es um Bequemlichkeit geht, gilt: Ladies first.

Frauen steigen zuerst ins Auto ein, der Mann hält die Tür auf. Beim Aussteigen steigt der Mann aus und ist ihr behilflich.
Die Benimmliteratur fasst die Regeln der klassischen Etikette so zusammen: „Beim Betreten eines Salons – überhaupt überall – gebührt der Dame der Vortritt. Auch beim Abwärtssteigen von Treppen geht die Dame voran, beim Aufwärtssteigen der Herr. Ebenso wenn die Treppe sehr dunkel oder irgendwelche Gefahr damit verbunden ist, ist es Pflicht des Mannes, voranzugehen.
Eine Ausnahme ist beim Theaterbesuch üblich. Dort geht der Herr besser der Dame voraus, lässt die Billette kontrollieren, sucht die Plätze und geleitet die Dame dorthin, das Gleiche gilt beim Betreten des Restaurants. Beim Verlassen des Theaters und des Restaurants macht die Dame jedoch wieder von ihrem Erstlingsrecht Gebrauch."
Heute existieren diese Vorrechte im Prinzip immer noch. Sie werden aber im Alltag nur noch ab und zu eingehalten. Geschäftsfrauen bezahlen beim Geschäftsessen die Rechnung, Mäntel ziehen sich die modernen Frauen ohne männliche Mithilfe an (spart Zeit!).
Trotzdem: Gentlemanlikes Benehmen macht einen guten Eindruck und bringt Pluspunkte. Im Zweifelsfall ist ein „Zuviel" an Aufmerksamkeit besser als ungehobeltes Benehmen.

Grundwissen

Der Herr hatte die Pflicht, jegliche Anstrengung von der Dame fernzuhalten. Ihm bleibt alles überlassen, was körperliche Anstrengung – und sei der Aufwand noch so gering – erfordert. Der Herr hält schwere Türen auf und geht als Erster durch die Drehtür, um der Dame die Arbeit des Türdrehens abzunehmen.
Im Alltag sind diese Rangordnungen und Vortrittsregeln weitgehend bedeutungslos geworden. Der Grund: Sie sind unpraktisch und machen die Sache komplizierter als sie ist.
Beim Gasthausbesuchen, beim Mittagessen mit Kollegen gilt meist: Das Lokal betritt zuerst, wer zuerst da ist.

Kommt es an, wenn ich einer Frau Feuer gebe?

Ja. Schließlich ist dies eine Geste der Aufmerksamkeit.

Wie gebe ich richtig Feuer?

Abfolge:

- Die Dame greift nach der Zigarette (oder Zigarre, wenn sie dem fashionablen Club der Zigarren-Liebhaber angehört).
- Der Mann greift nach Streichhölzern oder Feuerzeug.
- Warten Sie nicht in Startposition, bis Sie endlich Feuer geben können.
- Sollte das Feuerzeug nicht funktionieren, hantieren Sie nicht fluchend („Wieso geht das verfluchte Ding nicht?“) an Ihrem kaputten Feuerzeug herum, sondern winken Sie lässig den Ober herbei. Als Mann von Welt wissen Sie, dass in jedem besseren Restaurant jeder Ober ständig ein Feuerzeug griffbereit hat, um den Gästen Feuer zu geben.
- Missbrauchen Sie nicht das Ritual des Feuergebens für kindische Annäherungsversuche.
- Halten Sie bitte nicht Ihre Hand schützend vor die Flamme, sodass sie wie zufällig beinahe die Wange der Dame streift.

MERKE!

Wenn man Feuer gibt, klemmt man nicht die eigene Zigarette lässig zwischen die Lippen und lässt das Feuerzeug klicken, sondern nimmt die Zigarette aus dem Mund.

Mögen es Frauen, wenn man ihnen aus dem Mantel hilft?

Im Prinzip ja. Männer riskieren heute nicht mehr, wegen dieser ritterlichen Geste beschimpft zu werden. Dies konnte dem Nichtsahnenden in der Blütezeit des radikalen Feminismus Mitte der 70er Jahre durchaus passieren. Doch setzen Sie gentlemanlikes Verhalten dosiert ein. Heute kann es vorkommen, dass Frauen („Zeit ist Geld“) solche Rituale für Zeitverschwendung und unpraktisch halten. Hier einige Beispiele:

- Sie laden eine Frau – privat! – zum Essen ein. Bei einer solchen Gelegenheit können Sie ruhig Kavalier spielen: aus und in den Mantel helfen, den Stuhl für sie zurechtrücken, Feuer geben usw.

MERKE!

Im Allgemeinen schätzen es Frauen, wenn Männer Aufmerksamkeit zeigen und beweisen, dass sie einige Grundregeln der Etikette beherrschen.

- Alltag: Übertreiben Sie es nicht mit Höflichkeitsritualen. Beim gemeinsamen Mittagessen mit Kollegen und Kolleginnen wirkt es übertrieben, wenn die Männer planlos herumstehen und darauf warten, Frauen in die Mäntel zu helfen. Dann werden die Mäntel vertauscht, Mäntel und Besitzerinnen müssen recherchiert werden. Wertvolle Zeit geht verloren.

Wie helfe ich einer Frau in den Mantel?

Ein verbreiteter Etikette-Fehler der Männer: Sie halten den Mantel in die Höhe und schauen dabei im Lokal herum, ob es etwas Interessantes zu sehen gibt. Man hat Mühe, die Ärmel zu finden, muss sich verrenken und riskiert einen Kreuzbandriss. Die Sache endet meist damit, dass man dem Kavalier den Mantel oder die Jacke aus der Hand nimmt und sagt: „Weißt du was, ich ziehe mich lieber selbst an!“ Grundsätzlich wird der Mantel in Schulterhöhe gehalten, damit die Frau hineinschlüpfen kann!

Der Flirt

MERKE!

Flirten ist längst kein Vorrecht der Männer mehr. Im Gegenteil: Frauen beherrschen die subtile Zeichensprache mit Blicken, Gesten und anderen Lockungen oft besser als Männer.

Was ist flirten?

Das englische Wort *to flirt* bedeutet in etwa „kokettieren“, „tändeln“. Der Flirt ist ein Spiel. In alten Benimmbüchern wird der Flirt gerne mit dem Florettfechten verglichen. Ein Vergleich, der gar nicht unpassend ist.

Ein Mensch, der flirtet, wirbt um die Aufmerksamkeit einer Person, zu der er sich hingezogen fühlen. Wenn wir flirten, setzen wir Zeichen und Signale, die uns in einem guten Licht erscheinen lassen sollen.

Der erste Blickkontakt

- Der Prozess der Kontaktanbahnung mit einer unbekannten Person wird zunächst visuell erlebt. Die ersten Blicke treffen sich – oder auch nicht. Schon in dieser Phase entscheidet sich, ob gegenseitige Sympathie vorhanden ist. Die Betonung liegt auf „gegenseitig“: Mit einer Person, die nicht auf einen reagiert, kann man nicht flirten. Bei jeder Art der Kommunikation treffen Empfänger und Sender aufeinander.

- In der Anfangsphase wirkt verhaltenes Lächeln am besten. Dadurch signalisieren Sie Ihrem anvisierten Gegenüber, dass Ihre Gefühlsantenne auf Empfang eingestellt ist.

Männer sollten die Frau, die sie interessiert, nicht permanent anstarren. Frauen fühlen sich dadurch verunsichert, wenn nicht gar sexuell belästigt. Die Chancen sind gleich null.

Frauen tun sich keinen Gefallen, wenn Sie den auserkorenen Mann mit allen Mitteln, wie verführerischem Dauerlächeln und plötzlichen Schulterentblößungen, anzulocken versuchen. Es kommt vor, dass Männer Frauen, die sich so verhalten, von vornherein für dumm halten.

MERKE!

Verkrampftes Grinsen, maskenhaftes Dauer-Smile, absichtlich cooler Blick und betont lässige Körperhaltung sind für Flirtversuche nicht geeignet. Dies wirkt dümmlich bzw. unsympathisch.

Wie spreche ich eine Frau/einen Mann an?

Angeber, Großmäuler, Sprücheklopfer haben wenig Chancen. Eine witzige, sympathische Bemerkung, die mehr Kontaktfreudigkeit signalisiert als besessenes Balzen, führt viel eher zum Erfolg. Krampfhafte Kontaktversuche hingegen bringen nichts außer schlechter Laune. Die Mitleidsmasche hat keinen Erfolgt. Sie steht für Schwäche – das kommt im Allgemeinen nicht an.

Sage ich Sie oder Du?

Sprechen Sie einen Mann oder eine Frau, die Sie nicht kennen, nicht automatisch mit einem freundschaftlichen Du an. Es könnte als unhöflich oder zudringlich aufgefasst werden. Ob man zu jemandem Sie oder Du sagt, hängt auch von der Situation ab. Auf einer privaten Party verhält man sich anders (vertrauter) als in einem Café oder bei einem zufälligen Zusammentreffen im Theaterfoyer. Eine charmante Methode, um vom Sie zum Du überzuleiten, ist ein nettes Zuprosten mit den Worten: „Ich heiße Andreas.“

MERKE!

Distanz ist im Zweifelsfall besser als aufgezwungene Nähe. Beginnen Sie ein Gespräch lieber förmlich und warten Sie ab, ob sich ein Gefühl von Vertrautheit einstellt.

Die riskante Methode

- Sie stellen sich neben den Mann oder die Frau, die Sie interessiert, und behaupten frech: „Ich glaube, ich habe soeben die Frau/den Mann meines Lebens getroffen! Dieser sensationelle Moment muss gefeiert werden. Darf ich Sie auf ein Glas Wein einladen?"

Das Überraschungsmoment ist Ihre Trumpfkarte. Bei der Überrumpelungsmethode stehen die Chancen in etwa 50 : 50.
Die Möglichkeit, eine Abfuhr zu bekommen, müssen Sie einkalkulieren. Andererseits: Wer fühlt sich von einem solchen Kompliment (auch wenn es ein Trick ist) nicht geschmeichelt? Viele Frauen halten forsche Männer für interessant. Und es gibt gar nicht wenige Männer, die selbstbewusste, offensive Frauen mögen. Außerdem sind die meisten Menschen neugierig und wollen die Fortsetzung der Geschichte wissen: „Wie kommen Sie darauf, dass ich der Mann Ihres Lebens sein könnte?"

MERKE!

Die Ansprech-Faustregel lautet: Sagen Sie etwas Originelles!

Die einfallslose, aber halbwegs sichere Methode

- Auch mit einfachen, wenig originellen Fragen: „Wissen Sie, wie spät es ist?" – „Sind Sie öfter hier?" – „Ziemlich heiß hier drinnen, finden Sie nicht?" – „Schönes Wetter heute" sollen schon Erfolge erzielt worden sein.

Wenn der erste Schritt getan ist und sich ein Gespräch entspinnt, muss man sich etwas einfallen lassen. In dieser langweiligen Tonart kann es nicht weitergehen.

MERKE!

Versuchen Sie, möglichst schnell den Vornamen Ihres Gegenübers herauszufinden. Sprechen Sie ihn/sie häufig mit dem Vornamen an!

Psychologische Tricks bei der Gesprächsführung

- Konzentrieren Sie sich auf Ihr Gegenüber.
- Schweifen Sie nicht mit Blicken im Raum umher.
- Schauen Sie nicht anderen Männern oder Frauen hinterher.
- Geben Sie sich interessiert. Schauen Sie ihr/ihm in die Augen, wenn Sie mit ihr/ihm reden.
- Lassen Sie keine negative Stimmung aufkommen.

- Vermeiden Sie Beschwerden über die lasche Bedienung, das miese Wetter oder etwa die schlechte Wirtschaftslage. Sie erscheinen miesepetrig und erhalten garantiert das Prädikat „flirtuntauglich".
- Erzählen Sie von sich. Aber bitte keine Geschichten über Tante Irmas letzten Urlaub auf Mallorca, als sich Onkel Josef das Bein brach, weil er im *Ballermann 6* bei einer Männer-Stripshow mitmachte, obwohl er betrunken war ... Bevor Sie zum spannenden Ende der Geschichte kommen, stehen Sie allein am Tresen.
  Reden Sie statt dessen über Ihren Beruf, Ihre Interessen. Auch ein paar Bemerkungen zur allgemeinen Lage in Wirtschaft, Gesellschaft und Kultur können nicht schaden. So können Sie sich als aufgeschlossener, informierter Zeitgenosse präsentieren.
- Erkunden Sie Ihr Gegenüber. Es geht darum herauszufinden: Was ist das für ein Mensch, den ich vor mir habe? Finden Sie seine Interessensgebiete, Beruf, Hobbys usw. heraus. Es kann natürlich auch vorkommen, dass ein Mensch, der optisch anziehend erschien, sich im Gespräch als langweilig, arrogant oder unsympathisch herausstellt. Bereiten Sie in diesem Fall Ihren Abgang vor. Erfinden Sie eine Ausrede, aber bleiben Sie höflich!
- Trauern Sie nicht öffentlich Ihrer Ex-Freundin bzw. Ihrem Ex-Freund nach. Prahlen Sie nicht mit wahren oder erfundenen Frauen-/Männergeschichten.

MERKE!

Ex-Freunde und Ex-Ehefrauen sind tabu! Über frühere Beziehungen, Ehen, Liebschaften spricht man nicht.

Wo knüpft man Kontakte?

- **Auf der Straße:** Wer auf der Straße Frauen anspricht, muss nach weit verbreiteter Meinung mit abwehrenden Reaktionen rechnen. Die Anonymität des Ortes verunsichert und ängstigt.
- **An alltägliche Orten:** Das Postamt oder der Supermarkt sind zwar auch anonym, aber das Umfeld bietet tendenziell mehr Möglichkeiten, ein Gesprächsthema zu finden.
  Beispiel: Sie stehen auf dem Postamt hinter einer Frau in der Warteschlange, die gerade ein überaus langes Fax verschickt hat.

MERKE!

Die offene Straße ist für Flirtversuche denkbar schlecht geeignet. Man wirkt wie ein primitiver „Anbaggerer", der wahllos Frauen anspricht.

Wenn Sie mutig sind, können Sie dies zum Thema eines Ansprechversuchs machen: „Das muss etwas Wichtiges gewesen sein, was Sie da verschickt haben. War es ein Architekturwettbewerb oder ein Ehevertrag?“

Im Supermarkt bietet sich der Inhalt des Einkaufswagens als mehr oder weniger spannendes Gesprächsthema an. Wenn Sie sich etwa bei der Kasse hinter einem gut aussehenden Mann anstellen, können Sie ihn beispielsweise fragen, ob die Bio-Pizza, die er gerade auf das Förderband legt, empfehlenswert ist. Sie flechten ein, dass Sie Single und immer für Tipps für die schnelle Küche dankbar sind. Oder Sie sagen: „Jetzt habe ich doch glatt vergessen, Sauerrahm mitzunehmen. Würden Sie so nett sein, niemanden vorzulassen. Ich laufe nochmal eben schnell zum Kühlregal …“

MERKE!

An anonymen Orten wie Supermarkt, Finanzamt oder Straßenbahn sind die Chancen, in Kontakt zu kommen, gering. Man möchte sich dort nicht lange aufhalten und ist nicht auf Flirt eingestellt. Der Aufwand lohnt den Ertrag nicht.

- **Im Café:** Die Leute sind an diesem Ort meistens entspannter, die Chancen stehen besser. Sie können fragen, ob der Platz frei ist, ob Sie die Zeitung haben können usw.
- **In der Disko, in der Bar:** Hier gehört Flirten dazu. Vor allem Leute, die alleine herumstehen, sind leicht zu einem Gespräch bereit oder wollen zum Tanzen aufgefordert werden.
- **Bei einer Singleparty:** Diese Veranstaltungen sind in Großstädten mittlerweile üblich geworden. Es ist keine Schande, sich dort sehen zu lassen. Im Gegenteil: Singlepartys gelten als schick. Sie sind einzig und allein zum Flirten und Kennenlernen neuer Leute da. Was soll daran schlecht sein? Einziger Nachteil: Die meisten Besucher von Single-Partys sind gar keine Singles.
- **Bei privaten Einladungen:** Eine ideale Atmosphäre für Flirts und zum Kennenlernen. Die Anwesenden sind Freunde von Freunden oder Bekannten, die Wahrscheinlichkeit, dass man zum gleichen gesellschaftlichen Kreis gehört und daher ähnliche Interessen hat, ist sehr hoch. Der simpelste Anknüpfungspunkt für ein Gespräch ist die Frage, woher der andere den Gastgeber/die Gastgeberin kennt.

MERKE!

Sitzen Sie bei einer Party nicht wie eine Trauerweide herum. Mit Charme und Small-Talk-Qualitäten machen Sie Eindruck! Aber lassen Sie auch die anderen zu Wort kommen.

Verabredungen

Die Pünktlichkeit

Wenn Sie gleich zur ersten Verabredung verschwitzt, abgekämpft und verspätet erscheinen (Sie mussten sich vielleicht vorher noch Mut antrinken), wirkt dies so, als wäre Ihnen die ganze Verabredung egal und fast lästig. Die Frau, um die Sie sich eigentlich bemühen, wird mit Abwehr und Misstrauen reagieren.
Frauen hassen es besonders, wenn sie alleine in einem Lokal herumsitzen müssen. Es sieht nach Mauerblümchen und „bestellt und nicht abgeholt" aus.

MERKE!

Pünktlichkeit ist oberstes Gebot! Die Toleranzschwelle beim Zuspätkommen beträgt zehn bis höchstens fünfzehn Minuten. Alles andere wird als Unaufmerksamkeit und grobe Unhöflichkeit empfunden!

Grundwissen

Wer holt wen ab?

- Wenn Sie mit dem Auto unterwegs sind, holt im Allgemeinen der Herr die Dame von zu Hause oder vom Büro ab. Dies gibt ihm die Möglichkeit, sich als Gentleman zu präsentieren. (Natürlich kann auch der umgekehrte Fall vorkommen, dass die Frau den Mann mit dem eigenen Wagen abholt.)
- Wenn Sie mit öffentlichen Verkehrsmitteln unterwegs sind, wählen Sie einen zentral gelegenen Ort als Treffpunkt. Beschreiben Sie den Treffpunkt genau, sonst verlieren Sie einander im Getümmel!
- Wenn Sie vorhaben, essen zu gehen, verabreden Sie sich vorher in einem Café oder einer italienischen Eisdiele. Es ist romantischer und stilvoller, wenn man gemeinsam in das Restaurant geht.

Welche Treffpunkte bieten sich an?

- Für ein Treffen, bei dem man sich näher kennen lernen möchte, empfehlen sich Cafés und Bars mit nicht allzu lauter Musik. Wenn Sie großen Eindruck machen wollen, inszenieren Sie ein Candlelight-Dinner. Führen Sie die Frau zum Essen aus. Aber übertreiben Sie nicht: Treten Sie nicht mit einem Strauß roter Rosen

MERKE!

Laden Sie eine Frau, die Sie erst kurz kennen, niemals schon bei der ersten Verabredung zu sich nach Hause ein, sondern wählen Sie einen neutralen Ort.

und allzu förmlich gekleidet auf. Das wirkt lächerlich und übertrieben. Seien Sie lieber locker und Sie selbst – dann klappt die Sache.

- Wenn Sie einander schon ein bisschen kennen, können Sie sich auch zum Tennis oder zum Einkaufsbummel verabreden.
- Abwechslung und Initiative sind gefragt. Überlegen Sie sich Ausflüge und ungewöhnliche Treffpunkte, etwa ein neues Restaurant, das Sie entdeckt haben, oder ein besonders witzig gestyltes Café.
- Gehen Sie nicht mit ihr in Ihr Stammlokal, wo Ihre Bekannten Abend für Abend anzutreffen sind, um Ihre neue Eroberung vorzuführen.
- Reservieren Sie bei einem Restaurantbesuch einen Tisch. Es ist lästig und lässt keine Stimmung aufkommen, wenn man den halben Samstagabend durch die Stadt zieht, um einen freien Tisch zu ergattern. Sie stellen so Ihr eigenes Organisationstalent in ein schlechtes Licht. Es kann leicht sein, dass die Frau, die Sie erobern möchten, denkt: „Was ist das bloß für ein Waschlappen, wenn er nicht einmal einen Tisch im Restaurant organisieren kann."
- Halten Sie sich an die Grundregeln der Höflichkeit!
  Frauen lieben das romantische Ritual des Ausgehens und von ihrem „Kavalier" ausgeführt zu werden. Dies ist ein Spiel, das nach bestimmten Regeln abläuft. An diese Regeln sollten Sie sich halten, auch wenn Ihnen manches davon altmodisch erscheinen mag.
- Bezahlen Sie die Rechnung! Das lässt Sie weltläufig, großzügig und gentlemanlike erscheinen. Feilschen Sie nicht herum! Versuchen Sie ja nicht, die Rechnungssumme aufzuteilen: „Also, Du hattest ja noch einen Grappa, ich hatte ja nur Kaffee, das heißt, man muss hier zehn Mark abziehen ..."
- Lassen Sie ein Taxi rufen und fragen Sie, ob sie noch Lust hat, in einer Bar einen Drink zu nehmen.

MERKE!

Bei der ersten Verabredung sind gute Umgangsformen des Herrn von entscheidender Bedeutung.

Die Kontaktanzeige

Wie formuliere ich eine Kontaktanzeige?

Prägnant, originell, aber nicht übertrieben witzig und kurz. Die wichtigsten Informationen zur Person (Alter, Beruf, Größe, Haarfarbe, Interessen) sollten enthalten sein. Wünsche nach einem Foto oder der Angabe einer Telefonnummer sollten extra vermerkt werden.

MERKE!

Langatmige, poetische Anzeigen versprechen wenig Erfolg. Sie werden vielfach nicht einmal zu Ende gelesen, geschweige denn beantwortet.

Wie antworte ich auf eine Kontaktanzeige?

- Verbannen Sie alle negativen Gedanken aus Ihrem Kopf. Cool bleiben! Erzwingen lässt sich ohnehin nichts.
- Wählen Sie die Anzeige, auf die Sie antworten wollen, sorgfältig aus. Allein aufgrund der Formulierung des Anzeigentextes lassen sich psychologische Schlussfolgerungen über die Person, die sie aufgegeben hat, ableiten.
- Schreiben Sie keine Romane! Eine halbe Seite genügt zumeist.
- Das Antwortschreiben sollte aber auch nicht zu kurz und zu knapp sein. Nur die Telefonnummer hinzuschreiben, bringt vermutlich auch nicht viel.
- Gehen Sie auf den Anzeigentext ein. Greifen Sie die Begriffe auf, die dort verwendet werden. Versuchen Sie, sich gut zu präsentieren, aber bleiben Sie auf dem Boden der Tatsachen. Wenn Sie zu sehr angeben, wirken Sie unglaubwürdig.
- Witz und Originalität zählen! Sie müssen versuchen, sich gegen die Konkurrenz zu behaupten. Sie müssen herausstechen. Sie müssen klar machen, warum ausgerechnet Sie für ihn/sie die/der Richtige sind.
- Überlegen Sie sich genau, wie Sie die Ihnen unbekannte Person anreden. Dies kann über Sympathie oder Antipathie entscheiden.
- Achten Sie darauf, ob im Anzeigentext ein Foto gewünscht wird. Wenn ja, schicken Sie ein Original oder eine Farbkopie (geht zur Not auch) mit. Ohne Foto hat man in solchen Fällen meistens keine Chance.

MERKE!

Die Antwort auf eine Anzeige sollte nicht zu lang, vor allem aber originell sein.

- Bei der Telefonnummerangabe ist es üblich geworden, eine Handynummer anzugeben. Das wirkt mobil, modern und cool.

Ehe/Heirat – Mann schreibt Frau

Liebe zierliche Romantikerin,
du magst keine Schmetterlinge, die von Blüte zu Blüte fliegen, schreibst du.
Lieber willst du Schmetterlinge im Bauch haben – und zwar für immer!
Deine Formulierung hat mir sehr gefallen.
Ich glaube, ich bin ein Mann, der dir bieten kann, wonach du suchst.
Ich gehöre zu jenen Männern, die an die große Liebe glauben. Ich halte nicht viel von Abenteuern. Liebe und Treue gehören für mich zu den höchsten Gütern im Leben.
Und nun zu mir: Ich bin von Beruf Verwaltungsbeamter im gehobenen Dienst. Ich sehe vielleicht nicht aus wie ein Filmstar, bin aber durchaus vorzeigbar.
Ich habe brünette (leider leicht schüttere) Haare, bin 1,80 Meter groß und wiege 85 Kilogramm. Von der Frau an meiner Seite erwarte ich mir ein sympathisches, ansprechendes Wesen – eben eine Frau mit Herz, Verstand und Gefühl, mit der man durch dick und dünn gehen kann. Nach einer großen Enttäuschung, die ich erlebt habe, habe ich jetzt wieder Mut gefasst und stehe dem Leben und seinen vielen schönen Seiten aufgeschlossen und positiv gegenüber.
Hast du Lust auf eine Tasse Kaffee mit mir – oder sogar auf mehr?
Ich erwarte deinen Brief!

MERKE!

Gehen Sie in Ihrem Antwortbrief unbedingt auf Inhalt und Formulierungen der Anzeige ein.

Romantisches Abenteuer – Frau schreibt Mann

Lieber Unbekannter,
Du liebst Sonnenaufgänge, den ersten Schneefall, Meeresrauschen, einsame Strände und Sommerregen. – Ich auch.

Du findest, das Schöne im Leben sollte man teilen? – Finde ich auch.
An der Liebe sind Nähe und Zärtlichkeit und die „ganz normalen" Dinge des Lebens das Allerschönste: Brötchen fürs Frühstück holen, sonntags im Bett frühstücken, lachen, Spaß haben ...
Ich bin 35 Jahre alt und allein erziehende Mutter einer lieben 10-jährigen Tochter. Ich bin 1,65 Meter groß, zierlich und sportlich. Von Beruf bin ich Chefsekretärin. Die Arbeit gefällt mir, aber irgendetwas in meinem Leben fehlt. Vielleicht bist du es? Wer weiß. In meiner Freizeit lese ich Bücher über Esoterik und beschäftige mich mit Aromatherapie. Ich habe eine Parfumsammlung (alles Eigenkreationen) zu Hause. Ich bin schon neugierig, wie wir uns „riechen" können!
Ich hoffe, dass dich meine Zeilen angesprochen haben und warte auf ein Zeichen von dir
Deine

MERKE!

Geben Sie Ihre Handy-Nummer an, wenn sie eine haben, oder Ihre Telefonnummer. Verraten Sie aus Sicherheitsgründen in diesem Stadium noch nicht Ihre Anschrift.

Wenn es ernst wird: Von der Konversation zur Berührung

Woran merke ich, dass er oder sie an mir interessiert ist?

Es gibt keine mathematischen Formeln, mit denen sich der Erfolg des Flirtens berechnen lässt. Es sind die kleinen Zeichen und Gesten: Tief in die Augen schauen, zufällige Berührungen, mit vorgeneigtem Oberkörper zuhören usw. signalisieren die Aufmerksamkeit am Gegenüber.
Gelangweiltes Wegschauen, Betrachten der Fingernägel, auf den Boden Starren, mit finsterer Miene ins Whiskeyglas Stieren, ständiges Umdrehen, hektisches im Lokal Herumschauen sind untrügliche Anzeichen für akutes Desinteresse. Vergessen Sie die Sache!

Wie schaffe ich den Übergang vom Gespräch zum ersten Kuss?

Mit Gelassenheit und nicht mit Krampf. Sie können nur aus dem Gefühl heraus entscheiden, ob der entscheidende Moment gekommen ist. Die Berechnung des Zeitfaktors stellt in der Tat ein schwie-

MERKE!

Prinzipiell sollte der Übergang vom Gespräch zum Kuss nicht überstürzt werden. Einen Drink spendiert, Arm um die Schultern gelegt und los geht's – das ist nun wirklich zu forsch, meine Herren (und Damen).

riges Problem dar: Wartet man zu lange, fragt sie/er sich, ob man überhaupt Interesse hat, geht es zu schnell, wirkt es wie billige Anmache. Das richtige Tempo ergibt sich aus der jeweiligen Situation und den Absichten der Beteiligten.

Wer tut den ersten Schritt?

Auch dies ist situationsabhängig. Früher waren es nur die Männer. Heute steht dieses Recht beiden zu. Es ist aber ein heikles Feld: Einerseits sind Männer oft froh, wenn sie nicht unbedingt den ersten Schritt tun müssen, andererseits können zu forsche Frauen einschüchternd und verunsichernd wirken. Fingerspitzengefühl ist notwendig!

Das Küssen

Küssen ist eine in allen Kulturen und allen Schichten beliebte Tätigkeit des Mundes. Beim Kuss unterscheiden wir drei Arten, die gleichzeitig Abstufungen von Intimität entsprechen: Bussi (freundschaftlicher Kuss auf die Wange zur Begrüßung), Schmatz (herzhaft, auf den Mund), Zungenkuss (begehrend, erotisch).

Grundwissen

Wie küsse ich richtig?

Zum Einmaleins des Küssens gehören

- geschmeidige Lippen. Trockene, zusammengepresste Lippen fühlen sich unangenehm an. Deshalb: Auch Männer sollten für alle Fälle einen Fettstift dabeihaben. Man muss ihn ja nicht in der Öffentlichkeit auftragen.
- Achten Sie darauf, dass Ihr Partner/Ihre Partnerin genug Luft bekommt. Bedrängendes, allzu forsches Küssen tötet die Sinnlichkeit.
- Seien Sie kreativ! Küssen Sie sie doch einmal auf Körperstellen, wo sie gar nicht erwartet, geküsst zu werden. Z. B.: auf die Schulter, wenn sie ein Ballkleid oder sommerliches Top trägt.

Wann und wo darf ich küssen?

Früher durften Männer und Frauen einander nur küssen, wenn ein formeller Heiratsantrag vorlag. Küssen in der Öffentlichkeit war strengstens verboten. Freundschaftliches Küssen in der Öffentlichkeit ist heute gang und gäbe. Der erotische, begehrende Kuss ist hingegen nach wie vor eine intime Angelegenheit und hat an öffentlichen Orten nichts verloren.

Die Zurückweisung

Wie sage ich es, wenn ich jemanden zwar nett finde, aber einfach nicht verliebt bin?

Mit Gefühl und Geduld. Sagen Sie bitte nicht beiläufig am Telefon: „Ach übrigens, ich wollte dir sagen, das hat keinen Sinn mit uns." Damit verletzen Sie. Das sollte nicht sein.
Versuchen Sie, dem oder der Zurückgewiesenen das Gefühl zu geben, dass Sie seinen/ihren Charme, Witz, Esprit schätzen. Aber leider ist der berühmte Funke bei Ihnen nicht übergesprungen.

MERKE!

Selbst, wenn Ihnen der Mensch, der Sie liebt, den Sie aber nicht lieben, völlig egal ist, sollten Sie nicht die kurze, schmerzliche Methode wählen.

Wie reagiere ich auf eine Zurückweisung?

Mit Haltung. Verlegen Sie sich auf keinen Fall aufs Betteln. Es ist Ihrer unwürdig. Sagen Sie nicht: „Versuchen wir es doch noch ein einziges Mal." – „Ich kann ohne dich nicht leben." Auch Drohungen („Du wirst schon sehen, wie weit du ohne mich kommst!") sind Ausdruck einer schwachen Persönlichkeitsstruktur. Außerdem machen Sie die Situation damit höchstens noch schlimmer.

MERKE!

Eifersucht offen zu zeigen, gilt als unfein. Herzensangelegenheiten verlangen Takt und Fingerspitzengefühl. Kämpfen Sie lieber mit Charme um Ihren abtrünnigen Freund oder Ihre Freundin.

Darf ich Eifersucht zeigen?

Warum nicht? Es kommt nur darauf an, wie. Eifersucht ist eine natürliche Gefühlsäußerung. Es hat keinen Sinn, sie zu unterdrücken. Wurde Eifersucht früher als kleinbürgerlicher Besitzanspruch gedeutet, sagt man heute gerne, wer eifersüchtig ist, leidet unter mangelndem Selbstvertrauen – das ist auch eine Spur zu engstirnig.

Romantische Rituale

Präsente und kleine Aufmerksamkeiten

Aufmerksamkeiten tun der Seele gut. Diese Erkenntnis klingt wie ein Kalenderspruch, ist aber wahr. Denn wer freut sich nicht über ein Präsent aus heiterem Himmel, über eine Einladung, eine Aufmerksamkeit ohne Anlass?

MERKE!

Das Überraschungsgeschenk ohne äußeren Anlass kommt in Liebesangelegenheiten besonders gut an! Es ist Ausdruck und Symbol dafür, dass man an den anderen denkt.

In Herzensangelegenheiten lässt sich mit Überraschungsgeschenken eine ganz besonders gute Wirkung erzielen! Sie signalisieren: Ich denke an dich. Ja, ich denke ständig und so innig an dich, dass ich den ganzen Tag darüber nachgegrübelt habe, womit ich dir eine Freude machen könnte!

Zuallererst sind natürlich die Männer gefordert, sich Gedanken zu machen, womit sie ihrer Liebsten ihre Zuneigung – ganz spontan! – beweisen könnten. Aber auch Frauen machen sich heutzutage Gedanken, wie sie dem Mann ihres Herzens ihre romantischen Gefühle bekunden können.

Was eignet sich als Überraschungspräsent?

Frauen freuen sich über

- Parfum. Das Parfum sollte nicht aus dem Drogeriemarkt stammen, sondern man sollte dadurch Stil beweisen. Ein Duft mit dem vielsagenden Titel *In Love again* eignet sich hervorragend als aussagekräftiges Geschenk. Die Frau versteht, was Sie meinen ...
- Bücher. Ist ein neuer Roman ihres Lieblingsautor erschienen? Verschlingt sie einen Krimi nach dem anderen? Braucht sie Nachschub an spannender Lektüre? Oder wie wäre es mit einem prächtigen Bildband etwa über Architektur in New York?
- Dessous. Das ist keine Männerphantasie, sondern Tatsache. Viele Frauen lieben schöne, exklusive Unterwäsche. (Männer meistens auch.)
- die Evergreens (schnell zu beschaffen, nicht besonders kostspielig): rote Rosen.
- den „von den Augen abgelesenen Wunsch“: etwas, von dem sie beiläufig erwähnte, dass sie es gerne hätte. Siehe da, wie durch

Zauberhand ist die geliebte Tasche, die ersehnte Bodylotion, das T-Shirt aus dem einzigartig anschmiegsamen Material da, um ihr eine Freude zu bereiten. Dieses Geschenk hat eine ganz persönliche Note und wird deshalb ganz besonders geschätzt werden.
- die Einladung zu einem romantischen Candlelight-Dinner.
- einen Wochenendflug in eine Stadt, die sie immer schon sehen wollte.

MERKE!

Als Entschuldigung für Fehlverhalten mag ein spontanes Geschenk ein- oder zweimal durchgehen. Zur Dauereinrichtung und Gewissensberuhigung darf es nicht werden.

Männern schenkt man im Prinzip ähnliche Dinge wie Frauen. Aber Vorsicht: Feingefühl walten lassen! Männer sind in ihrem Innersten so empfindlich!
- Pflegeprodukte oder ein Eau de Toilette für den Mann können gut ankommen, aber auch als leise Kritik („du riechst immer so komisch, du pflegst dich nicht genug") verstanden werden. Je nach Situation entscheiden!
- Rote Rosen werden meistens mit Freude angenommen. Manche Männer allerdings, genau gesagt diejenigen, denen alles Romantische von vornherein suspekt ist, können sich dadurch genervt fühlen und die nett gemeinte Aufmerksamkeit als Ausdruck von Besitzanspruch empfinden.
- Hemden, T-Shirts, Pullover, Geldbörsen, Bücher, Handys, Computerspiele – all die Dinge, die der moderne Mann so braucht, kommen in den meisten Fällen gut an. Unterwäsche dagegen ist ein heikles Thema. Ähnliche Reaktionen wie bei Männerparfums können bei empfindsamen Naturen die Folge sein: „Gefallen dir meine Unterhosen etwa nicht?"

MERKE!

Heutzutage freuen sich auch Männer über Blumen. Es müssen ja nicht unbedingt rote Rosen sein.

Der Blumenstrauß

Ist der Blumenstrauß noch zeitgemäß?

Blumen kommen nie aus der Mode. Ihre große kulturgeschichtliche Bedeutung stellt dies unter Beweis.

Schon die alten Ägypter schätzten Blumen als ganz besondere Gewächse, die die Natur den Menschen schenkte. Über Ägypten und Mesopotamien, später über Griechenland und Rom gelangten die Blumen nach Europa und schließlich nach Amerika.
In verschiedenen historischen Epochen waren Blumen verpönt. Sie wurden als unnötiger Luxus geächtet. Dies war in Deutschland während zur Reformationszeit so. Damals durften in Kirchen keine Blumenarrangements stehen. In China waren während der Kulturrevolution Blumen generell verboten.

Grundwissen

Mit Blumen kann man

- eine persönliche Wertschätzung ausdrücken. Der Blumenstrauß ist eine nette Geste, ein Beweis von Freundschaft und Zuneigung.
- seinen Dank ausdrücken: etwa als Mitbringsel zu einer Einladung im privaten Kreis.
- soziale Beziehungen anknüpfen, sie bestärken und – im traurigsten Fall (Begräbnis) – damit beenden
- seine Liebe ausdrücken. Ein Mann, der eine Frau erobern will, schenkt ihr rote Rosen.
- jemanden überraschen. Auch wenn Sie Ihrer Liebsten nur hin und wieder eine einzige Rose schenken: Sie kommt gut an und sie stellen sich als ein einfühlsamer Mann dar.

MERKE!

Der Blumenstrauß ist kein Allheilmittel. Wer nach jedem Ehe- oder Beziehungsstreit rote Rosen schenkt, entwertet diese Liebesgabe und versucht, sich auf einfachem Weg aus der Affäre zu ziehen.

Der neue Trend: Frauen schenken Männern Blumen

Blumen waren einst unverzichtbarer Bestandteil des Verführungsrituals, das vom Mann angebahnt wurde. Heute ergreifen auch Frauen die Initiative. Sie finden nichts dabei, ihre Zuneigung durch ein Blumenpräsent zu bekunden. So lernen Männer das schöne Gefühl kennen, mit Blumen beschenkt zu werden. Es ist ein gutes Gefühl. In den meisten Fällen reagieren Männer überrascht bis begeistert oder gerührt, wenn ihnen von Frauen Blumen geschenkt werden. Nur selten sind abwehrende, irritierte Reaktionen die Folge.

Die Sprache der Blumen muss nicht nur romantisch eingesetzt werden. Warum nicht einem Mann, der seine schlechte Laune an einem ausgelassen hat, als Kommentar einen Kaktus überreichen? Diese Geste zeigt wahrscheinlich mehr Wirkung als ein ernstes Gespräch.

MERKE!

Die Bedeutung von Blumen ist in unterschiedlichen Kulturkreisen verschieden. In manchen Regionen gelten Lilie, Aster und Chrysantheme als Totenblumen, während in China die Chrysantheme beispielsweise Fruchtbarkeit und langes Leben symbolisiert.

Die Symbolik der Blumen

Blumen haben bildhafte Bedeutung. Man wählt eine bestimmte Sorte, eine spezielle Farbe, um die jeweilige Gefühlslage auszudrücken:

- erste Verliebtheit: die Lilie
- unschuldige Liebe: die weiße Rose
- glückliche Liebe: die rosa Rose
- wilde Liebe: die rote Rose
- verlorene Liebe und Untreue: die gelbe Rose
- kurzes Glück: die Margerite
- wahre Liebe: das Vergissmeinnicht
- Beständigkeit: die Hyazinthe
- Gefühlsharmonie: die Narzisse
- Treue: Efeu
- Liebeskummer: die rote Nelke

Niemals!

- Erscheinen Sie nicht mit weißen Blumen, auch wenn sie noch so schön sind, am Bett von Kranken. Weiß ist der Tradition nach die Farbe der Begräbnisblumen.
- Eine Frau schenkt einer anderen Frau niemals rote Rosen (Ausnahme: Sie möchte ein ganz *bestimmtes* Gefühl damit ausdrücken).
- Topfpflanzen schenkte man sich früher von Frau zu Frau als Bereicherung der Blumenfenster. Heute wird eine Topfpflanze als Geschenk mit negativer Symbolik gesehen. Es signalisiert: „Hallo Hausmütterchen, ich habe dir etwas Nettes mitgebracht."

Eine alte Regel der Blumenetikette besagt: Ein Bukett darf niemals aus 13 Blumen bestehen, ein Blumenstrauß niemals aus einer geraden Anzahl von Blumen. Diese Regel wird heute in der Praxis nicht mehr so streng gehandhabt. Sträuße mit einer ungeraden Anzahl von Blüten sehen aber schöner aus.

Ein Rosenverkäufer betritt das Lokal. Er bietet schöne, langstielige rote Rosen an. Welche Etikette-Regeln gelten hier?

- Sie sind als Mann mit Ihrer Liebsten unterwegs oder mit einer Frau, mit der Sie gerade intensiv flirten. Ja, Sie können ihr eine rote Rose vom mobilen Verkäufer schenken, da es sich um eine erotische Tändelei handelt.
- Sie sind mit Freunden und einigen weiblichen Bekannten unterwegs. Wenn Sie unbedingt Rosen verschenken wollen, müssen Sie allen an Ihrem Tisch anwesenden Frauen eine Rose schenken. In diesem Fall ist das Schenken der Rose eine nette Geste unter Freunden. Keinesfalls sollten Sie einer Dame aus heiterem Himmel eine rote Rose schenken. Sie wird sich vermutlich unwohl fühlen und Ihre Reaktion als Anmache einstufen.
- Schenken Sie keiner Frau, mit der Sie eben erst zufällig ins Gespräch gekommen sind, eine Rose. Und auch nicht der netten Dame vom Tisch gegenüber, die, so glauben Sie, Ihnen freundlich zulächelt. Es wirkt wie ein billiger Anbändelungsversuch!

MERKE!

Die symbolische Bedeutung der roten Rose ist allgemein bekannt. Sie sollte nur als Zeichen erotischer Verehrung eingesetzt werden.

Das Kompliment

Das Prinzip des Kompliments ist es, das Selbstbewusstsein der Empfängerin oder des Empfängers zu heben. Komplimente, die keinen Funken Wahrheit enthalten und völlig an den Haaren herbeigezogen sind, sollte man sich sparen. Man wirkt sonst wie ein Schwätzer.

Frauen und Männer lieben es, wenn ihr gutes Aussehen, ihr Charme, ihr Witz gelobt werden. Es geht darum, die ganz persönlichen

Vorzüge eines Menschen hervorzuheben. Du bist unverwechselbar und genau in deiner ganz besonderen Art liebens- und bewundernswert – das soll das Kompliment ausdrücken. Das Kompliment darf auf keinen Fall als plumpe Lüge oder Einschmeichelei erkennbar sein. Sparen Sie nicht mit Komplimenten, aber übertreiben Sie es auch nicht. Eine Konversation, in der jeder zweite Satz aus einem Kompliment besteht, ist zu viel des Guten. Der oder die Gelobte wird irgendwann entnervt sagen: „Ich habe keine Ahnung, wie Sie darauf kommen. Aber wenn Sie meinen."

MERKE!

Die Kunst des Kompliments erfordert Fingerspitzengefühl! Sparen Sie nicht mit Lob, werfen Sie damit aber auch nicht um sich.

Grundwissen

Grundregel Nummer 1: Komplimente sind beim Flirten eine Waffe. Setzen Sie sie gezielt ein! Auf die richtige Dosierung kommt es an. Grundsätzlich lieben Frauen Komplimente (Männer übrigens auch). Übertreiben Sie nicht, aber geizen Sie auch nicht mit Komplimenten! Setzen Sie Ihr Fingerspitzengefühl ein, und Sie werden Erfolg haben.

Grundregel Nummer 2: Ein Kompliment muss einen ganz persönlichen Charakter haben. Gemeinplätze und Verallgemeinerungen sind der Tod jeden Kompliments. Sagen Sie also nicht im Flugzeug zu Ihrer attraktiven, unbekannten Nachbarin: „Der Sicherheitsgurt steht Ihnen aber gut!" Das klingt billig. Auch hier ist Originalität gefragt, wenn man gut ankommen will.

Wie weit darf ein Kompliment gehen?

Direkte persönliche Äußerungen und Anspielungen und das Loben körperlicher Vorzüge sind tabu. Ein Mann, der die Kollegin im Büro mit den spaßigen Worten „Was für ein Dekolletee! Oh, it's a fée!" begrüßt, hat eine Ohrfeige verdient. Bemerkungen wie diese haben mit Komplimenten nichts gemein. Sie sind einfach nur dumm, plump und anmacherisch.

Auch in erotischen Situationen zeichnet sich das echte Kompliment dadurch aus, dass es hintergründig, originell und vor allem glaubhaft ist.

MERKE!

Komplimente, die körperliche Vorzüge Ihrer Partnerin zum Thema haben, sind nicht für die Öffentlichkeit bestimmt. Sie sind Situationen vorbehalten, in denen Sie einander sehr, sehr nahe kommen.

MERKE!

Man muss wissen, wie man sich charmant verhält und wie man schmeichelt. Die gekonnte Schmeichelei öffnet fast jedes Herz.

Wie verhalte ich mich, wenn mir keine Komplimente einfallen?

- Klauen Sie! Denken Sie an Filmszenen, an eine romantische Stelle in einem Buch, die Ihnen besonders gut gefallen hat. Eines der beliebtesten Notkomplimente ist Humphrey Bogarts berühmtester Satz im Film *Casablanca*: „Schau mir in die Augen, Kleines!" Nachteil: Dieses Kompliment ist unoriginell. Jeder hat es schon mindestens einmal zitiert.
- Ein erfahrener Charmeur hat eines seiner erfolgreichsten Komplimente einem Curd-Jürgens-Film entnommen: „In der Kathedrale meines Herzens brennt eine Kerze für dich." Dieses pathetische Kompliment verlangt absolute Ernsthaftigkeit. Keinesfalls dabei lachen.

Von Frau zu Mann

MERKE!

Männer mögen es, wenn ihr Aussehen und ihre Fähigkeiten gelobt werden.

Wie mache ich einem Mann ein Kompliment?

- Seien Sie ganz persönlich. Sagen Sie beispielsweise: „Du kennst dich doch mit Computern so hervorragend aus. Wie installiert man eigentlich eine Homepage?" Seien Sie nett, erlauben Sie es ihm, ein bisschen mit seinem Wissen zu protzen.
- Vermeiden Sie Gemeinplätze wie „Ach, die Männer, sie sind so ..." Mit Verallgemeinerungen vertreiben Sie jeden Verehrer.
- Männer wollen umschmeichelt werden. Sagen Sie ihm, dass ihm der neue Kurzhaarschnitt sehr gut steht, dass sein Eau de Toilette besonders männlich riecht ... Das Männerherz schmilzt.
- Aber Männer wollen auch Komplimente über ihren beruflichen Erfolg hören. Übertreiben Sie ruhig ein bisschen: „Mit diesem hohen Tier vom Bankverein ... hast du so gut verhandelt! Das ist ja unglaublich."
- In jedem Mann steckt ein kleiner Junge. Er will ein Held sein: der Größte, Klügste, Beste! Sie können ihn ja bei der Arbeit anrufen und sagen: „Na, was macht mein Computer-Genie?" Es klingt vielleicht ein klein wenig verlogen, aber Männer sind meistens so eitel, dass sie beeindruckt sind und dies gar nicht merken.

MERKE!

Männer sind eitel. Männer brauchen Bestätigung – wie alle Menschen. Sie wollen umschmeichelt werden. Jeder will ein Held sein: der Größte, der Stärkste, der Klügste, der Beste! Sagen Sie es ihm.

Die Liebeserklärung

Wie sage ich ihr/ihm, dass ich sie/ihn liebe?

Männer: Indem Sie zu ihr sagen: „Ich liebe dich." – „Ich bete dich an, du bist die Schönste für mich!" – „Du bist die Göttin!" Nennen Sie sie beim Vornamen und dann: „Sabine, Aphrodite, Venus, du fehlst mir! Erhöre mich! Heb den Telefonhörer ab!"
Das banale „Ich mag dich", „Ich habe dich gern" ist in Liebesdingen zu wenig! Sie wird darauf sagen: „Na und? Deine Mutter oder deinen Hund magst du doch auch."
Frauen: Indem Sie zu ihm sagen: „Ich liebe dich." Aber Vorsicht vor allzu viel Gefühl: Männer haben manchmal Probleme, wenn man ihnen zu viele Emotionen zeigt. Sie fühlen sich eingeengt, finden das Verhalten besitzergreifend. Frauen können hingegen zumeist von Romantik und Gefühl gar nicht genug bekommen. Dies wiederum fällt den Männern bekanntlich schwer.

MERKE!

Scheuen Sie sich nicht, Ihrer Liebsten Ihre Gefühle auch zu zeigen. Gefühlsbeteuerungen gelten heute nicht mehr als unmännlich. „Ich liebe dich" erfreut ihr Herz, auch wenn Sie es kitschig finden mögen.

Der Liebesbrief

Der Liebesbrief ist ein Evergreen unter den Textsorten. Seit Menschengedenken werden diese Briefe geschrieben, ersehnt, erdacht, erhofft, herbeigebetet, zerrissen, mit Füßen getreten ...

MERKE!

Der Liebesbrief ist keine lächerliche Gefühlsäußerung. Gerade heute sind Gefühle sehr gefragt.

Wie verfasse ich einen Liebesbrief?

Der Liebesbrief ist eine ganz persönliche, intime Gefühlsäußerung. Deswegen kann es für seine Abfassung keine verbindlichen Regeln geben. Tipps für die Praxis:

- Seien Sie so aufrichtig und persönlich wie möglich!
- Mit dem Liebesbrief geben Sie ein Stück Ihres Innersten preis. Und die richtigen Worte dafür können nur Sie selbst finden.

Schreibe ich mit der Hand oder am PC?

Unter einem Liebesbrief stellt man sich ein in leserlicher Schrift mit Füllfeder (oder Kugelschreiber) verfasstes Schriftstück vor. Das

MERKE!

Heute werden auch Liebesfaxe und Liebes-E-mails verschickt. Achten Sie darauf, dass es sich um einen privaten Faxanschluss handelt, damit nicht die halbe Firma über Ihre Gefühlswelt Bescheid weiß.

Papier sollte weder zerknüllt noch fettig, noch allzu billig sein. Das früher übliche parfümierte Papier wirkt heute aufdringlich. Computerausdrucke sind bei Liebesbriefen im Normalfall deplaziert. Sie wirken zu unpersönlich. Wie soll man da echte, wahre, aufrichtige Gefühle vermitteln? Ausnahme: Wenn einer der beiden Partner für längere Zeit verreist ist oder sehr weit weg lebt (beispielsweise in den USA), kann man ein Fax schicken.
Der Liebesbrief ist persönlicher und wird oft mehr geschätzt als ein Telefonanruf. In den Brief investiert man Zeit und das bedeutet Zuwendung. Ein Telefongespräch ist eine Sache, die sich schnell erledigen lässt.
Liebesbriefe sind nur für den oder die eine bestimmt. Niemals dürfen Sie den schlimmsten Liebesbriefverrat begehen, indem Sie Ihrer besten Freundin oder Ihren Kumpels lachend vorlesen, was dieser verliebte Blödmann, diese komische Frau Ihnen geschrieben hat.

Mögliche Anreden

Männer: „Geliebte" – „Meine Liebste" – „Liebe, liebste Elisabeth" – „Geliebter Schatz" – „Liebling" – „Zuckermäulchen", „Mein Häschen" (und welche Kosenamen es sonst noch alles gibt) – „An die Frau meiner Träume" – „An die, die mir niemals aus dem Kopf und dem Herzen gehen wird" – „An die Frau mit den schönsten Augen der Welt".
Frauen: „Geliebter" – „Mein Geliebter" – „An den wunderbarsten Liebhaber der Welt" – „Liebling".

Grußformeln

Die früher gebräuchliche Formel „Für immer Dein", „Auf ewig, Dein Hans", „Dein Dich immer liebender Schatz" sind etwas aus der Mode gekommen. Heute schließt man häufig mit der Versicherung „Ich liebe dich", „Denk an mich", „Vergiss mich nicht" oder auch mit einem coolen „Love" und Unterschrift. Aber für welche Formel Sie sich entscheiden, bleibt letztlich Ihnen ganz allein überlassen.

Ausgehen und Amüsement

Tischmanieren

Angst vor der Blamage bei Tisch

Wir alle kennen das Gefühl: die Angst, sich im Restaurant, bei einer Einladung zum Abendessen zu blamieren. Man sitzt vor dem Gedeck und fragt sich: Welche Gabel ist für die Vorspeise gedacht? Welche gehört zum Hauptgericht? Hoffentlich verwechsle ich nicht Rot- und Weißweinglas, denkt man und fleht innerlich: Lieber Gott gib, dass ich nicht irrtümlich Weißwein ins Wasserglas nachschenke! Von den vielfach überbewerteten, schwierigen Fragen der Tisch-Etikette ganz zu schweigen: Wie isst man Hummer richtig? Wie schlürft man stilgerecht Austern?

Vollendete Tischmanieren gelten bis heute als Kernstück der Etikette. Leider hat sich die Vorstellung erhalten, dass Essmanieren daran gemessen werden, ob jemand mit Gerichten wie Hummer, Langusten, Austern, Kaviar, Artischocken oder Spargel stilgerecht umgehen kann. Dies kommt daher, dass jene Gerichte in der feinen Gesellschaft früher als Inbegriff von Luxus galten. Die einfachen Leute konnten sich solche Speisen ohnehin nicht leisten. Wer wusste, wie man Krebsbesteck, Hummer-, Austern- und Schneckengabel handhabte und dann noch Obst einwandfrei mit dem Besteck zerteilen konnte, hatte die Etikette-Prüfung bestanden.

MERKE!

Wenn Sie in Bezug auf Besteck oder Gläser unsicher sind, schauen Sie, wie die anderen es machen.

Grundwissen

Vergessen Sie Hummer, Austern und Langusten! Es ist nicht notwendig, sich darüber den Kopf zu zerbrechen. Diese Gerichte bekommt man ohnehin so gut wie nie vorgesetzt.

Entscheidend ist, die einfachen Grundregeln der Essmanieren zu beherrschen und zu beherzigen:

Regel 1: Beginnen Sie nicht zu essen, bevor Ihre Tischnachbarn ihre Gerichte vor sich stehen haben.

Regel 2: Wünschen Sie „Guten Appetit!“.

Regel 3: Das Wichtigste: Essen Sie niemals so, dass den anderen der Appetit vergeht. Nicht schlürfen, mit vollem Mund sprechen oder laut kauen.

Fastfood und Tischmanieren

Die Essgewohnheiten haben sich rapide verändert. Früher war es ganz normal, dass man drei Mahlzeiten pro Tag zu geregelten Zeiten zu sich nahm: Frühstück – Mittagessen – Abendbrot. Mutter sorgte dafür, dass Ehemann und Kinder regelmäßig ihre Mahlzeiten bekamen und das Essen auf dem Tisch stand. In den 50er und 60er Jahren war dies noch in den allermeisten Familien so. Damals glaubte man noch daran, dass eine Frau hinter den Herd gehörte. Für die Erwerbsarbeit und das Geldverdienen waren die Männer zuständig. Dafür wollten sie auch ordentlich verköstigt werden. Papa konnte ganz schön böse werden, wenn der Schweinebraten mit Sauerkaut und die Flasche Bier nicht auf dem Tisch standen, wenn er nach Hause kam.

MERKE!

Feste Tischzeiten gibt es so gut wie nicht mehr. Die Essgewohnheiten haben sich gewandelt.

Mittlerweile haben sich die Zeiten geändert: Viele Frauen sind berufstätig, die Kinder wissen, wie man Fertiggerichte zubereitet oder was ein „Hamburger-Menü komplett" kostet. Die Regel von den drei Mahlzeiten ist durch individuellere Essgewohnheiten ersetzt worden. Man isst Snacks und Kleinigkeiten mehrmals am Tag, es gibt Frühstücksfreaks, Menschen, die mittags etwas Kräftiges brauchen und Leute, die sich den ganzen Tag auf das Abendessen im Restaurant freuen. Darüber hinaus gibt es auch welche, denen nichts anderes als Kalorientabellen im Kopf herumspuken. Die alten Verbindlichkeiten haben an Bedeutung verloren. Neue Verhaltensweisen sind an ihre Stelle getreten. Dies hat Auswirkungen auf die Etikette.

In Zeiten, in denen Fastfood zu den Standards der Ernährung gehört, wird wieder vermehrt mit den Fingern gegessen. Dies ist schlicht und einfach zur Kenntnis zu nehmen. Es hat keinen Sinn, den Verfall der Sitten zu beklagen und die „guten alten Zeiten" heraufbeschwören zu wollen.

Unsere heutige Palette an Von-der-Hand-in-den-Mund-Gerichten ist vielfältiger denn je: Erdnüsse, Popcorn, Kartoffelchips, Hotdog, Dönerkebap, Pommes mit Majonäse, Cheeseburger, Hamburger, gefüllte Baguettes, Sandwiches aller Arten. Wozu braucht man eigentlich noch Tischmanieren? Dafür gibt es mindestens drei Gründe:

1. Vielleicht haben Sie einmal keine Lust auf Fastfood und wollen richtig schön essen gehen. Das entsprechende Ritual gehört dazu, um das stilvolle Ausgehen zu genießen.
2. Die Kenntnis von den Grundregeln der Tischmanieren gehört zur Allgemeinbildung. Gesellschaftlicher und beruflicher Erfolg sind ohne diese Standards nicht möglich.
3. Personalberater, Soziologen und Etikette-Experten bestätigen: Bei beruflichen Auswahlverfahren kommt der Beherrschung der Tischmanieren erhöhter Stellenwert zu. Der Job-Bewerber wird von seinem zukünftigen Arbeitgeber oder Chef zum „Testessen" eingeladen. Dabei wird überprüft, ob sich der Bewerber in Gesellschaft benehmen kann und im Stande ist, ein anregendes Tischgespräch zu führen.

Testessen mit dem Chef

Grundwissen

Immer häufiger werden Umgangsformen als Entscheidungskriterium für Jobs herangezogen. Wenn Sie in die Situation versetzt werden, dass Ihr Vorstellungsgespräch bei einem Arbeitsessen unter Aufsicht des zukünftigen Chefs fortgesetzt wird, verhalten Sie sich folgendermaßen:

1. Bewahren Sie die Nerven. Allzu deutlich wahrnehmbare Nervosität, Unsicherheit und Angst, etwas falsch zu machen, zahlen sich nicht aus.
2. Vorausgesetzt wird gutes Benehmen: Dazu gehören die Beachtung allgemeiner Grundregeln der Etikette und gesittetes, angenehmes Verhalten bei Tisch, aber auch die Kunst der Konversation. Wer mit verschwitzten Händen bei Tisch sitzt, vor Nervosität das Glas fallen lässt, sich jeden Konversationsbeitrag in Schwerarbeit abringt, wird den Job vermutlich nicht bekommen.

MERKE!

Die Grundregel der Paar-Etikette besagt: der Mann links, rechts die Frau. Eselsbrücke: „r" wie „rechts" steckt in F„r"au!

Was dient wozu? Besteck und Gläser

Das Besteck

MERKE!

Beim Besteck immer von außen beginnen und sich nach innen durcharbeiten. Ausnahme: die Austerngabel. Sie liegt in der Kuhle des Suppenlöffels.

Üblicherweise sind drei Gabeln und drei Messer (oder zwei Messer und ein Suppenlöffel) aufgedeckt: Es wird ein dreigängiges Menü serviert.

- **Fischmesser:** Man erkennt es an seiner Form, es sieht wie ein kleines Schwert aus. Das Fischmesser wurde im 19. Jahrhundert zu Zeiten Königin Victorias eingeführt, um den Fisch zu zerlegen, der damals noch ganz serviert wurde. Es diente also ursprünglich nicht dazu, den Fisch zu zerkleinern.
- **Brotmesser:** Es liegt links vom Essteller zusammen mit Brot und Butter auf einem kleinen Teller.

Besteck-Signale

MERKE!

Brot wird immer gebrochen und nicht geschnitten. Man streicht die Butter auf ein kleines Brotstück, dass man mit einem Bissen isst.

Ruheposition während des Essens: Messer und Gabel liegen gekreuzt auf dem Teller: „Ich esse noch weiter."
Die nachlässige, aber häufigste Ruheposition: Messer und Gabel werden am Tellerrand abgelegt. Dieses Besteck-Signal besagt: „ein wenig kultivierter Esser". – Das meint zumindest der Fachausschuss für Umgangsformen. Er gibt als Regel vor: „Einmal aufgenommen, sollte das Besteck nicht mehr mit der Tischdecke in Berührung kommen." Wird das Besteck jedoch am Tellerrand abgelegt, kann das Messer leicht auf das Tischtuch fallen, wenn man beispielsweise nach dem Weinglas greift.
Beendigung des Essens: Messer und Gabel liegen parallel, mit den Griffen nach rechts zeigend auf dem Teller: „Ich bin fertig mit dem Essen. Bitte den Teller abräumen."
Kaffee- und Teelöffel: Man lässt ihn nur zum Umrühren in der Tasse. Dann legt man ihn auf den Unterteller. Auf keinen Fall leckt man ihn nach dem Rühren ab.
Suppenlöffel: Er wird nach Beendigung des Essens auf den Unterteller, nicht in den Suppenteller gelegt.

Das Service

Teller kommen von rechts und werden von dort auch wieder abgeräumt. Man kann sich dies merken: Teller endet mit r! Ausnahme: Platten und Schüsseln – Eselsbrücke das l! – kommen von links, wenn das Essen vorgelegt wird. Doch kommt dies heute nur noch selten vor.

Gläser

Die Gläser folgen derselben Reihenfolge wie das Besteck: von rechts nach links, von außen in die Mitte.

Die Grundregeln der Tischmanieren

Serviette-Etikette

- Die Serviette wird vor dem Essen auseinandergefaltet und auf die Knie gelegt. Sie sollte nicht zu Boden fallen oder vertauscht werden.
- Nach dem Essen legt man die Serviette – ungefaltet! – auf den Tisch.
- Servietten sind keine Babylätzchen! Sie werden nicht in den Ausschnitt gesteckt oder um den Hals gebunden.

Wer beginnt zu essen?

Man beginnt erst zu essen, wenn alle ihre Speisen auf dem Tisch haben. In guten Restaurants sollte es selbstverständlich sein, dass das Essen gleichzeitig serviert wird. Es gibt aber auch dort Ausnahmen. Bei ausdrücklicher Aufforderung der Tischnachbarn – „Bitte, fangen Sie schon an! Sonst wird Ihre Suppe kalt!“ – darf man beginnen.

MERKE!

Fangen Sie erst an zu essen, wenn alle ihre Gerichte erhalten haben.

MERKE!

„Guten Appetit!“ zu wünschen ist stilvoller als „Mahlzeit!“.

Was wünscht man einander, wenn das Essen auf den Tisch kommt?

Guten Appetit! Das vor allem im süddeutschen Raum gebräuchliche „Mahlzeit“ ist eine unschöne Angewohnheit und „kein offizieller Gruß“, so befand der „Arbeitskreis Umgangsformen“.

Wie sitze ich richtig beim Essen?

Man sitzt aufrecht und bringt das Essen zum Mund. Man beugt sich nicht hinunter, um den Mund zum Essen zu bringen. Keinesfalls stützt man sich mit den Ellbogen auf dem Tisch ab.

Könnte ich bitte Salz und Pfeffer haben?

Salzstreuer und Pfeffermühle werden zusammen weitergereicht. Salzen Sie das Essen nicht, bevor Sie es gekostet haben. Das ist unhöflich dem Koch gegenüber. Das Gleiche gilt für Ketschup.

Darf man beim Essen die Zähne sehen?

Im westlichen Kulturkreis ist das Essen ein geräuschloser Vorgang, bei dem man auch seine Zähne nicht zeigt. Die Suppe wird nicht geschlürft (wie in asiatischen Kulturen durchaus üblich).

Problemfälle beim Essen

Lippenstift: Die Damen sollten ihren Lippenstift nicht an der Stoffserviette abwischen, sondern an einem Papiertaschentuch. In der Praxis hält sich jedoch kaum jemand daran. Man empfindet es als stillos, den schönen, teuren Lippenstift an einem einfachen Papiertaschentuch abzutupfen.

MERKE!

Gräten, zähe Fleischstücke usw. gehören nicht in den Aschenbecher, sondern an den Tellerrand.

Zähes Fleisch oder Knochensplitter: Nach der strengen Ess-Etikette dürfen solche Fremdkörper nicht mit den Fingern aus dem Mund genommen werden, obwohl es praktischer wäre. Vielmehr soll man sie auf die Gabel „gleiten“ lassen und dann auf den Tellerrand legen. Das wird heute freier gehandhabt. Unappetitlich ist es dagegen, zähes, zerkautes Fleisch oder andere Reste, wie z. B. Olivenkerne, in den Aschenbecher zu legen.

Was kommt in den Aschenbecher?
Asche, ausgedrückte Zigaretten, Zigarren und Zigarillos. Zellophanpapier hingegen entfaltet einen unangenehmen, beißenden Geruch, wenn es mit Zigarettenasche in Berührung kommt. Es wird deshalb neben den Aschenbecher gelegt.

Kleines Lexikon der schwierigen Speisen

Alltägliche und nicht ganz alltägliche Speisen

Suppe: Suppe, die in einer Suppentasse mit zwei Henkeln serviert wird, zuerst mit dem Löffel essen. Den Rest darf man austrinken.
Salat: durfte früher nur mit der Gabel in Berührung kommen. Seitdem keine Gefahr mehr besteht, dass die Messerklingen oxydieren, dürfen große Blätter auch geschnitten werden.
Geflügel: *No finger-food* sagen die Engländer und Amerikaner! Eine Ausnahme bilden zarte Vögel wie Rebhühner, bei denen man auch im Restaurant die feinen Knochen in die Hand nehmen darf.
Artischocken: Sie können heiß oder kalt serviert werden. Die Blätter werden mit den Fingern gegessen. Man zieht eines heraus und tunkt das breite Ende in die dazugehörige Sauce und saugt das Fleisch heraus. Das Herz isst man mit Messer und Gabel, nachdem man das „Heu“ abgestreift hat. Dann reinigt man die Finger in einer Fingerschale. Nachteil: Dieses zeitraubende Ritual lenkt vom eigentlichen Abendessen ab. Man kann sich leicht blamieren und schmutzig machen. Besser: Hände weg von der Artischocke.

MERKE!
Suppenlöffel nach Gebrauch nicht im Teller, sondern auf dem Unterteller ablegen!

MERKE!
Am schön gedeckten Tisch isst man Geflügel mit Messer und Gabel, im Fastfood-Restaurant mit den Fingern.

Seltene Meerestiere und Schnecken

Die gefürchteten Meerestiere – Austern, Hummer, Langusten, Flusskrebse usw. – sind lange nicht mehr so exklusiv wie früher. Sie gelten heute keineswegs mehr als der Inbegriff von Luxus und sind nur bei absoluter Frischegarantie zu genießen. Ansonsten droht Vergiftungsgefahr!

Austern: Der „Fachausschuss für Umgangsformen" rät bei Aufbereitung mit Austerngabel: „Austernpunkt und Bartrand mit scharfer Gabelseite entfernen. Dann Austern von der Schale lösen." Mit Zitronensaft beträufeln und das Austernfleisch aus der Schale schlürfen (dezent!).

MERKE!

Wer mit dem Zerlegen komplizierter Tiere überfordert ist, kann ohne weiteres den Kellner um Rat fragen.

Krebse (Hummer, Langusten): Scheren herausziehen. Wenn es nicht mit der Hand geht, Hummerzange verwenden. Fleisch aus den Röhren heraussaugen. Der „Fachausschuss für Umgangsformen" beschreibt die perfekte Handhabung auf unnachahmliche Weise (Tierschützer sollte diese Stelle wegen ihrer Brutalität überspringen!): „Die Scheren von Hummer und Langusten werden meist vorbereitet serviert, sodass sich das Fleisch leicht mit der Hummergabel aus dem Panzer herausziehen lässt. Die Beinchen knickt man oder zieht sie an den Gelenken durch Drehen auseinander, um sie auszusaugen. Aus dem mit der Zange zweigeteilten Schwanz heben wir das Fleisch heraus, indem wir mit der Gabel zwischen Panzer und Inhalt fahren und diesen von hinten nach oben drücken. Das Messer hält dabei den Panzer fest."

Schnecken: „Ergreifen wir stückweise mit der Schneckenzange und ziehen das kleine Stück Fleisch mit der Schneckengabel aus dem Gehäuse. Dann legen wir es auf den Löffel, beträufeln es mit Soße oder fügen Knoblauchbutter hinzu und essen" (Fachausschuss für Umgangsformen).

Grundwissen

Wer in die Situation kommt, ein seltenes Meerestier zerlegen zu müssen und sich unsicher dabei fühlt, kann heute, ohne sich zu blamieren, den Oberkellner um Rat fragen. Man bittet in ganz normalem Tonfall um Hilfe, wie das entsprechende Tier zerlegt wird. Dabei braucht man weder zu flüstern noch hinter vorgehaltener Hand zu tuscheln. Gerade durch ein selbstbewusstes Nachfragen beweist man Sinn für Stil und Etikette. Dies ist viel niveauvoller, als unsicher und tolpatschig mit dem unbekannten Besteck umzugehen.

Das Ende des Testfalls Kartoffel

Die einfache Kartoffel, aber auch Fisch und Spargel galten lange als schwierige Speisen. Die Grundregel lautete: Diese Gerichte dürfen nicht mit dem Messer geschnitten werden. Da es früher nur Messer mit oxydierenden Klingen gab, hinterließen die Säuren von verschiedenen Gemüsen Rückstände auf den Stahlklingen. Dadurch wurde der Geschmack der Speisen beeinträchtigt.

MERKE!

Kartoffel und Spargel dürfen heute mit dem Messer geschnitten werden. Da Besteck mit Stahlklingen nicht mehr gebräuchlich ist, besteht keine Gefahr, dass der Geschmack der Speisen beeinträchtigt wird.

Obst

In Rohform wird Obst in Restaurants längst nicht mehr als Dessert gereicht. Es würde gegenüber den herrlichen Mousses von weißer und dunkler Schokolade, Tiramisu und Sorbets wie ein Armeleute-Nachtisch wirken. Die komplizierte Handhabung des Obstbestecks, die feine Leute als Kinder beigebracht bekommen, kennen die meisten Menschen nicht einmal vom Hörensagen.

Obst galt lange Zeit als ein Testfall der Etikette. Bevor Tiramisu, Sorbets, Zabaione und Parfaits als Nachspeisen üblich wurden, reichte man Obst (pur) zum Dessert. Regeln besagen, wie welche Obstsorte zerkleinert und verzehrt werden soll. Für die Praxis ist die Kenntnis dieser schwer zu merkenden Regeln kaum mehr von Bedeutung. Obst als Nachtisch kommt kaum noch vor.

MERKE!

Obst wird heute kaum noch als Dessert serviert. Im Alltag verzehrt man es aus der Hand.

Obst erhält man hingegen bei Frühstücksbuffets in Hotels. Beim Buffet-Dinner, wie es bei Urlaubsarrangements üblich ist, nimmt man Früchte aus dem Obstkorb für den Ausflug am nächsten Tag mit. Die Beherrschung der Obst-Etikette spielt heute so gut wie keine Rolle. Obstmesser und Obstgabel sind normalerweise chancenlos gegen die Finger. Trotzdem ein kurzer Überblick über die Obst-Etikette:

Äpfel und Birnen: Wenn bei einem formellen Essen Obstmesser und -gabel aufgedeckt werden, viertelt und schält man die Frucht, dann isst man kleine Stücke mit der Gabel.

Die Kerne werden mit den Lippen wieder auf den Löffel und von hier auf den Tellerrand gelegt.

Bananen: Bei einem formellen Diner wird die Banane geschält, in kleine Scheiben geschnitten und mit der Gabel gegessen.

Orangen: Man bringt Längsschnitte an und entfernt die Schale. Die Frucht wird mit Messer und Gabel gegessen.

MERKE!

Heute werden Weintrauben, die üblicherweise auf Käsetellern zu finden sind, ganz normal gegessen.

Weintrauben: Etikette-Expertin Ruth Goetz von Schüching meint in ihrem Buch „Durch gute Lebensart zum Erfolg" zu dem heiklen Fall Weintrauben: „Die Kerne und Schalen von Weintrauben lasse man von dem Mund auf den Teller fallen, wobei man den Teller anheben kann. Wer es vermeiden will, die Schalen auszuspucken, der drücke vorsichtig den Inhalt der Trauben in den Mund und lege die Schalen zurück auf den Teller. Man kann auch oft beobachten, dass Menschen, die nicht wissen, was sie damit beginnen sollen, sie aus Furcht, sich zu blamieren, verschlucken. Aber gerade das wirkt ein wenig komisch und ist unbedingt schädlich." Das erscheint zu viel des Guten zu sein: Ein solches Spuckritual würde lächerlich wirken.

Wein-Etikette

MERKE!

In Wein-Fragen kann man sich in jedem Restaurant beraten lassen.

Welcher Wein zu welchen Speisen?

Die alte Faustregel lautet: Weißer Wein zu weißem Fleisch (Fisch, Geflügel), roter Wein zu rotem Fleisch (Rind, Lamm ...). Sie ist in dieser Form nicht mehr allgemein gültig. Heute findet sich ein interessantes, vielfältiges und internationales Angebot auf den Weinkarten der Restaurants. Die Wein-Etikette folgt nicht mehr den einfachen Grundregeln, sondern hat sich sehr verfeinert. Es ist anzuraten, sich von den entsprechenden Fachleuten (vom Sommelier, dem Weinkellner in der gehobenen Gastronomie, sonst vom Kellner) beraten zu lassen.

Was tue ich, wenn ich als Weinkenner getestet werden soll?

Lassen Sie sich nicht auf solche Spielchen ein. Es sei denn, Sie kennen sich mit Wein wirklich gut aus. Wenn nicht, nehmen Sie den Rat von Fachleuten in Anspruch. Leute, die Sie mit solchen

Aufgaben (etwa bei einem Job-Testessen) konfrontieren, wollen Ihnen Fallen stellen oder Ihre Reaktion testen.

Das Probieren des Weins

In guten Restaurants bringt der Kellner zusätzlich zur Speisekarte eine Weinkarte. Sie wird nicht wie die Speisekarte jeder Person am Tisch überreicht, sondern man erhält nur eine Weinkarte. Derjenige, der den Wein bestellt, studiert sie. Diese Person (es kann heute auch eine Frau sein) bestellt den Wein und probiert ihn auch.
Gute Weine müssen zwei Eigenschaften haben: Sie müssen richtig temperiert sein und dürfen nicht korken. Der Sinn des Probierschlucks liegt darin, dies zu überprüfen – nicht darin, sich als Kenner aufzuspielen, indem man den Wein ewig im Mund herumspült. Liegt Grund zur Beanstandung vor, bittet man den Weinkellner, den Wein – in Gegenwart des Gastes – ebenfalls zu kosten.

MERKE!
Die Grundregel lautet: Wer den Wein bestellt, bekommt auch den Probierschluck. Man kann bei Geschäftsessen dieses Privileg durchaus dem Gast zugestehen.

MERKE!
Mit einem Sommelier, dem Weinkellner in Restaurants, streitet man nicht. Es ist für jedes bessere Restaurant selbstverständlich, eine neue Flasche zu bringen, falls der Gast eine Beanstandung hat.

Wie stoße ich an?

Fassen Sie Wein- und Sektgläser nicht am Kelch, sondern am Stiel an. Beim Anstoßen schauen Sie dem anderen nach Möglichkeit in die Augen. Bitte nicht krampfthaft das Glas anstarren! Es kommt vor, dass Leute es als Beleidigung auffassen, wenn man mit ihnen anstößt, ohne sie dabei anzusehen.

Restaurant-Etikette

Wie rufe ich in einem Restaurant den Kellner?

Diskret und zurückhaltend. Man gibt ein Handzeichen oder sagt deutlich: „Herr Ober, bitte."

Niemals!

Auf keinen Fall pfeift man – ein Oberkellner ist schließlich kein Hund. Wer sich so benimmt, muss mit aggressiven Reaktionen seitens des Servierpersonals rechnen. Man ruft auch nicht lautstark durch den ganzen Speisesaal: „Ober, zahlen!"

Wie lautet die richtige Anrede für eine Kellnerin? Sage ich „Fräulein"?

In der Gastronomie kommt dieser Anredeform ein anderer Stellenwert zu als in anderen Bereichen des sozialen Lebens. „Fräulein" ist hier mehr eine Berufsbezeichnung als eine Anrede, die Frauen verletzen könnte. Es ist aber Fingerspitzengefühl geboten!

Grundwissen

In schicken Bars, Cafés und Restaurants, die in Lokalführern in der Rubrik „Szene" vorkommen, ist die Anrede „Fräulein" nicht angebracht. Es würde greisenhaft und vollkommen unpassend wirken. Man ruft die Bedienung durch Handzeichen oder Formulierungen wie „Darf ich etwas bestellen, bitte?" – „Dürfen wir bestellen?"
In Gaststätten und gutbürgerlichen Restaurants, wo gesetzteres Publikum verkehrt, ist die traditionelle Kellnerinnenanrede „Fräulein" durchaus üblich.

Die Bestellung

Die Gebräuche richten sich hier nach der Art des Lokals und danach, wie die Beteiligten zueinander stehen:
Café, Kneipe usw.: Jeder bestellt für sich (grundsätzlich). Die Reihenfolge des Bestellens richtet sich danach, wessen Bestellung vom Kellner zuerst aufgenommen wird. Wenn erotische Interessen im Spiel sind, erweisen sich Männer gerne als Kavaliere und fragen: „Willst du ein Glas Sekt?"
Das Restaurant der gehobenen Kategorie: Bei starkem erotischen Interesse an ihrer Begleitung geben sich die Herren zumeist Mühe. Sie unterbreiten Vorschläge, geben Esstipps: „Ich habe gehört, das Carpaccio soll hier besonders gut sein" und fragen nach: „Was nimmst du als Hauptspeise?"
Grundsätzlich bestellt die Dame zuerst. Ist der Herr der Gastgeber, kann er auch für beide bestellen, wenn er die Dame vorher nach ihren Wünschen gefragt hat.

Reklamationen: Das Essen ist nicht in Ordnung

Wenn Sie Grund zur Beschwerde haben, rufen Sie die Bedienung und erklären Sie das Problem. Aber tun Sie dies in höflichem, sachlichem Tonfall. Wenn der Kellner Ihnen gegenüber arrogant reagiert, lassen Sie den Geschäftsführer rufen.

Wird die Reklamation zu Ihrer Zufriedenheit erledigt, kommt das beanstandete Gericht selbstverständlich mit auf die Rechnung. Ein aufmerksamer und geschäftstüchtiger Ober wird Ihnen zur Wiedergutmachung einen Grappa oder etwas Ähnliches auf Kosten des Hauses anbieten. Sollte dies nicht geschehen und Sie fühlen sich schlecht betreut, drücken Sie dies durch weniger Trinkgeld aus.

Wird die Reklamation nicht zu Ihrer Zufriedenheit erledigt – etwa, wenn Sie die Speise, die Sie zurückgehen ließen, in unverändertem Zustand, nur mit einer dicken Schicht Salz bedeckt, zurückbekommen –, lassen Sie sich dies nicht bieten. Rufen Sie erneut den Kellner und erklären Sie ihm, dass dies nicht die Art und Weise ist, wie man zahlende Gäste behandelt und dass Sie diese Speise nicht bezahlen werden. Im Normalfall wird darauf eingegangen.

MERKE!

Lassen Sie Essen, das Sie schlecht finden, zurückgehen. Sie verderben sich selbst den Abend, wenn Sie etwas essen, das Sie nicht bestellt haben oder das Ihnen nicht schmeckt.

Wie verhält sich eine Frau allein in einem Lokal?

Ganz normal. Sie betritt den Raum und lässt sich vom Kellner einen Tisch zuweisen. In der Praxis ist dies natürlich nicht so einfach. So manche Restaurantbesitzer sind nicht auf allein reisende Frauen eingestellt und weisen ihnen automatisch den Katzentisch zu. Wenn man sich heute als Frau schlecht behandelt fühlt, kann man ohne weiteres das Lokal wechseln. Wichtig ist Ihr eigenes Selbstvertrauen.

Asiatisch essen zu gehen ist sehr in Mode. Was tue ich, wenn ich die Stäbchentechnik nicht beherrsche?

Nicht in Panik geraten. In den unzähligen asiatischen Restaurants in Mitteleuropa und den USA ist man auf Kundschaft, die die Stäbchentechnik nicht beherrscht, eingestellt. Verlangen Sie Messer und Gabel. Sie werden es bekommen.

MERKE!

Verlangen Sie kein Besteck zu Sushi! Wer die rohen Fischröllchen nicht mit Stäbchen essen kann, isst sie mit den Fingern.

Rechnung und Trinkgeld

MERKE!

Man teilt dem Kellner mit, dass getrennt bezahlt werden soll. Wurde schon die Gesamtrechnung gebracht, gibt jeder seine Speisen und Getränke an. Der Kellner streicht auf der Rechnung durch, was bereits bezahlt ist.

Wer bezahlt die Rechnung?

Beim Bezahlen der Rechnung muss man zwischen den Situationen unterscheiden:

Café, Kneipe: Jeder bezahlt zumeist für sich in beliebiger Reihenfolge.

Essen mit Kollegen, Schulfreunden usw.: Jeder bezahlt für sich.

Zu zweit im guten Restaurant: Die meisten Frauen mögen es heute wieder, von einem Mann zum Essen eingeladen zu werden. Während früher die Männer immer die Restaurantrechnung bezahlten, ist dies heute allerdings nicht mehr selbstverständlich.

Wer bezahlt, hat selbstverständlich Anspruch auf den Rechnungsbon und kann versuchen, ihn für die Steuererklärung als Abschreibposten zu verwenden.

Grundwissen

Diskretion und Souveränität sind angesagt: Lassen Sie sich die Rechnung bringen, legen Sie Ihre Kreditkarte, Bargeld oder Scheck auf den kleinen Teller, auf dem die Rechnung serviert wird. Fangen Sie auf keinen Fall an auszurechnen, wer wie viel hatte und deswegen einen bestimmten Kostenbeitrag leisten muss. Beim romantischen Essen zu zweit bezahlt der Herr die Rechnung ohne Feilschen und Murren. Es steht ihm auch nicht zu, daraus irgendwelche Sonderrechte abzuleiten. Die Einladung ist einfach die Geste eines Gentleman oder eines Mannes, der beeindrucken möchte.

MERKE!

Beim romantischen Essen zu zweit bezahlt der Mann die Restaurantrechnung, beim Geschäftsessen die einladende Person.

Ist es peinlich, wenn die Frau die Rechnung bezahlt?

Früher wäre es „gesellschaftlich unmöglich“ gewesen, dass eine Frau im Beisein eines Herrn eine Restaurantrechnung selbst bezahlt hätte. Heute, wo viele Frauen über ein eigenes Einkommen verfügen und auch schon mal einen Mann zum Essen einladen, ist das anders. Selbstverständlich kann die Frau die Rechnung bezahlen.

Vor den Augen des Kellners werden Rechnungen nicht aufgeteilt. Es sieht kleinkariert und geizig aus. Vielmehr empfiehlt sich folgende Variante:
Einer bezahlt zuerst die gesamte Rechnung, zu Hause wird nachgerechnet. Der andere erstattet auf neutralem Boden die Differenz.
Sehr unfein: Vor den Augen des Oberkellners die Geldscheine hin- und herzuschieben.

Niemals!

Wie viel Trinkgeld gebe ich?

In Europa ist die Bedienung im Endpreis eingeschlossen. Trotzdem wird der Rechnungsbetrag, wenn man zufrieden war, aufgerundet. Als Faustregel gelten immer noch 10 bis 15 Prozent.
Für Touristen oft missverständlich sind die Trinkgeldgebräuche in den USA. Hier sagt der Hinweis: *service not included* oder *service charge 15%* (richtet sich nach Bundesstaat), dass diese Summe automatisch dazugerechnet wird.

MERKE!

Auch die Variante, dass die Dame den Herrn einlädt, ist heutzutage normal. Bei Geschäftsessen bezahlt immer der, der mit dem anderen ins Geschäft kommen will.

Wie lasse ich dem Kellner das Trinkgeld zukommen, wenn die Restaurantrechnung mit Kreditkarte bezahlt wird?

Die meisten Kreditkartenbons haben eine eigene Spalte für *tips*, Trinkgelder.

- Wenn noch keine Endsumme, sondern nur die Rechnungssumme eingetragen ist, bedeutet dies, dass das Trinkgeld dazugeschrieben wird.
- Ist die Endsumme schon eingetragen, legen Sie das Trinkgeld bar dazu.
- In Selbstbedienungsrestaurants, wo man an der Kasse zahlt, gibt man das Trinkgeld in die Tassen bei der Kasse.

MERKE!

In den USA sind die Preise auf der Restaurantkarte nicht die Endpreise!

Ich will zahlen, aber der Kellner kommt nicht.

Sie haben alles probiert: mehrmalige höfliche Aufforderung, rufen, winken – es hat nichts geholfen. Die sicherste Methode ist immer

MERKE!

Ein Kellner, der zu lange auf sich warten lässt, hat das Recht auf Trinkgeld verwirkt.

noch, aufzustehen und in aller Ruhe die Garderobe zu holen. Sie können sicher sein, in fünf Sekunden ist der Kellner bei Ihnen.
Die immer wieder genannten Regeln – wenn der Kellner nach dreimaliger Aufforderung nicht gekommen ist, darf man gehen, ohne zu zahlen, wenn man eine halbe Stunde vergeblich auf ihn gewartet hat, ebenso – sind Wunschträume. So schnell, wie der Kellner Ihnen nachspurtet, haben Sie ihn an diesem Abend noch nicht laufen sehen.

Romantik bei Kerzenlicht: Zu zweit im Restaurant

Früher hatte eine Frau im Restaurant gar nichts mitzureden. Der Herr bekam die Speisekarte gereicht und schlug der Dame vor, was sie essen könnte. War sie mit seinen Ideen einverstanden, leitete der Herr die Bestellung an den Herrn Ober weiter. „Kellner sprechen lieber von Mann zu Mann", hieß es in den Benimmführern. Der Herr schenkte nach – die Dame durfte das nicht –, wenn das Salz auf dem Tisch fehlte, ließ er dies den Ober wissen usw.
Lange Zeit waren so genannte „Damenkarten" üblich. Sie enthielten zwar eine Liste der Speisen, aber die Preise dazu fehlten. Natürlich war das Essen nicht gratis, doch die Dame sollte gar nicht wissen, was er für sie auslegte. In manchen Restaurants findet man übrigens diese seltsamen Damenkarten noch heute.
Übernimmt eine weinkundige Frau die Auswahl des Weines, so sagen Sie dies dem Kellner: „Die Weinkarte ist für die Dame, bitte!"

MERKE!

Die Dame bekommt zuerst die Speisekarte gereicht. Die Weinkarte wird üblicherweise dem Herrn übergeben.

Wer betritt das Restaurant zuerst?

Der Mann. Er hat darauf zu achten, dass seiner Begleiterin keinerlei Gefahren drohen. Sie soll weder von fliegenden Untertassen getroffen noch von sonstigem Ungemach heimgesucht werden. Ist dies einmal geschafft, gebührt bei allen anderen Handlungen der Dame zumeist das Vorrecht.

Wer sucht den Tisch aus?

Der Ober führt Sie zu Ihrem Tisch und fragt, ob Ihnen dieser Platz gefällt. Der Herr stürmt nicht hinter ihm her und lässt sich auf den Stuhl fallen, sondern wartet, bis die Dame Platz genommen hat. Andernfalls muss er mit irritierten oder herablassenden Reaktionen seines Gegenübers rechnen.
Die Dame bekommt den besseren Platz am Tisch, das heißt den, den sie sich aussucht. Es wird zumeist der Platz sein, der Überblick über das Geschehen im Restaurant gewährt.

MERKE!

Reservieren Sie auf jeden Fall vorher einen Tisch. Dadurch erledigt sich das Problem, wer den Tisch auswählt, von selbst.

Mit Freunden in der Kneipe

Hier gelten andere Regeln als beim romantischen Candlelight-Dinner zu zweit. In normalen Alltagssituationen werden die Regeln der Rangordnung – wer hält wem die Tür auf, wer tut was zuerst – oft als störend und zeitraubend empfunden. Wenn Sie mit Freunden in eine Kneipe gehen oder mit Arbeitskollegen Mittag essen, halten Sie sich vor Augen, dass hier das Gebot praktischen Handelns Vorrang hat. Selbstverständlich gibt es auch in solchen Situationen Männer, die sich gerne als Gentleman erweisen wollen und Frauen die Tür aufhalten, ihnen den Vortritt lassen, aus dem Mantel helfen usw. Aber dies sind eher die Ausnahmen. Normalerweise geht es folgendermaßen zu: Wer zuerst da ist, betritt auch das Lokal zuerst, man hängt seinen Mantel selbst an der Garderbobe auf usw.

Wer bekommt in einer größeren Runde den Rechnungsbon ausgehändigt?

Wenn Sie mit Freunden unterwegs sind und jeder für sich bezahlt, können Sie nachher den Kellner um eine Rechnung über die Gesamtsumme, die an Ihrem Tisch konsumiert wurde, bitten. Erkundigen Sie sich vorsichtshalber, ob jemand außer Ihnen den Rechnungsbeleg (für die Steuererklärung) benötigt.

Tanz: Ball, Party und Disko

Das Schreckgespenst Ballkleidung

Lassen Sie sich nicht erschrecken, wenn Sie auf einer Einladungskarte lesen: „großes Abendkleid erwünscht". Denken Sie dabei nicht unbedingt an den festlichen Pomp, der jede Frau wie ihre eigene Urgroßmutter aussehen lässt, obwohl die Ballmode nun einmal das Schreckgespenst der Mode ist.

MERKE!

Ein „großes Abendkleid" kann auch ein einfaches, schwarzes langes Kleid sein.

Nur so nebenbei: Die Gebräuche haben sich, vor allem bei der Frauenmode, sehr gelockert. Sogar auf dem Wiener Opernball wurden schon kurze Kleider, ja sogar Stretchminis (nicht unbedingt der Inbegriff des guten Geschmacks) gesehen.

Insgesamt aber gilt auf den traditionellen Bällen immer noch die so genannte „große Robe" als Inbegriff von Etikette. Nur: Eine große Robe ist heutzutage auch ein einfaches schwarzes, langes Kleid. Bei den Herren dominieren immer noch die alten Kleidungsvorschriften: Frack oder Smoking. Im Straßenanzug und Krawatte ist man für den Opernball underdressed und wird womöglich gar nicht eingelassen.

Ball-Etikette

MERKE!

Bei der Damenwahl dürfen Männer nicht ablehnen!

Frau fordert Mann auf: Es geht nicht, dass Sie als Mann den Kopf schütteln und zu der Dame, die Sie auffordert, etwas Unhöfliches wie „Tut mir leid, ich rauche gerade!" oder „Ich wollte mir gerade einen Drink holen!" sagen. Die einzige Ausrede, die Ihnen die Internationalen Tanzschullehrerverbände zugestehen, lautet: „Ich bin im Dienst." Also nur Polizisten, Feuerwehrleute und Servierpersonal dürfen die Aufforderung zum Tanz ablehnen.

Mann fordert Frau auf: Er bekommt einen Korb. Nach den strengen Ball-Etikette-Vorschriften ist es der Frau, die den Korb gegeben hat, nicht erlaubt, beim nächsten Aufforderer aufzuspringen und fröhlich zu rufen: „Aber gern!" Sie darf diesen Tanz mit keinem anderen tanzen. Ausnahme: Der Tanz ist reserviert.

Die Frau ist in Begleitung: Das macht nichts! Um Konfrontationen zu vermeiden, wenden Sie sich der Form halber zuerst an den Begleiter: „Gestatten Sie?" Dann sagen Sie zur Dame: „Darf ich bitten?"

Bälle sind mittlerweile auch für Singles erträglich. Die Einrichtung „Disko", die zu jeder – auch zur vornehmsten Ballveranstaltung gehört –, macht es möglich. Man begibt sich in die schummrige Disko-Ecke, lässt sich von den roten und blauen Lämpchen beflackern und tanzt, wann und wie man Lust hat. Ganz allein. Früher waren Frauen die Notleidenden unter den Ballbesuchern. Wenn sie keinen festen Tanzpartner dabei hatten, mussten sie den größten Teil des Abends wie die Mauerblümchen herumsitzen und darauf warten, von einem Herren aufgefordert zu werden. Die Zeiten sind vorbei.

MERKE!

Die allgemeinste Etikette-Regel für Bälle lautet: Die Herren werden gebeten, hin und wieder mit ihrer Begleiterin zu tanzen. Seien Sie kein Tanzmuffel!

MERKE!

Frauen müssen nicht mehr darauf warten, bis sich ein Herr dazu bequemt, sie zum Tanz aufzufordern. In der Disko tanzen alle für sich. Bei einer „Engtanz"-Nummer setzt man kurz aus und genehmigt sich einen Drink.

Party-Etikette

- Kleidung: Wir leben nicht mehr in den 50er Jahren, sodass man zu einer Party im Grunde tragen kann, worin man sich wohl fühlt. Ein bisschen schick darf es natürlich sein.
- Bringen Sie keine unangekündigten Gäste mit. Wollen Sie jemanden dabeihaben, telefonieren Sie vorher und fragen Sie, ob Ihr Gastgeber damit einverstanden ist.
- Als Partypräsent ist Alkohol (Sekt, Wein, Cognac) nicht verpönt, sondern im Allgemeinen sogar erwünscht.

Disko-Etikette

Das Wichtigste: Führen Sie sich nicht auf wie ein wilder Stier. Lassen Sie Ihren Mittänzern auch ein wenig Platz und drängen Sie sie nicht von der Tanzfläche, auf der immer zu wenig Platz ist. Ansonsten gehört die inszenierte Ekstase zum guten Ton. Wer wie ein Stück Holz auf der Tanzfläche in der Disko herumsteht, wirkt äußerst fehl am Platz. Im Übrigen gilt nur eines in der Disko: Spaß haben.

In der Öffentlichkeit

Benimm an öffentlichen Orten

Früher gab es genaue Regeln, die besagten, wie man sich an öffentlichen Orten zu verhalten hatte. So hatte etwa der Herr den Hut zu ziehen, wenn er Bekannten begegnete. Die Dame spazierte am Arm des Herrn und neigte huldvoll den Kopf, um zu grüßen.
Der Sonntag war der Tag des Kirchgangs und des traditionellen Familienspaziergangs. Man promenierte dort, wo man auch gesehen wurde. Denn an diesem speziellen Tag wurde der Sonntagsstaat, besonders feine Kleidung, die für den normalen Alltag zu schade war, ausgeführt.

MERKE!

Gerade in der Öffentlichkeit sollte rücksichtsvolles Verhalten den Mitmenschen gegenüber praktiziert werden.

Es hat heute wenig Sinn, von den alten Zeiten zu schwärmen, als man einander auf der Straße noch mit Respekt und nicht mit Rücksichtslosigkeit begegnete. Heute fahren die Menschen schließlich auch nicht mehr in Pferdekutschen herum. Die Zeiten ändern sich und mit ihnen die Gebräuche.
Wir brauchen uns nichts vorzumachen: An anonymen Orten, in der U-Bahn, in der Straßenbahn, auf der Straße, ist es um die Höflichkeit schlecht bestellt. Beim Kampf um Parklücken, um den Vorrang im Straßenverkehr, den Platz in der U-Bahn regiert häufig das Prinzip des Stärkeren. Auch Angst und Unsicherheit prägen unser Verhalten auf der Straße.
Die Situation ist bekannt: Ein Fremder fragt auf offener Straße nach der Uhrzeit oder möchte einen Fünfmarkschein in Münzen gewechselt haben. Unwillkürlich denken viele: Es kann doch nicht sein, dass er bloß wissen will, wie spät es ist. Bestimmt will er mich beklauen oder er hat noch Schlimmeres mit mir vor. Viele bekommen in solchen Situationen Angst. Sie ziehen es deshalb vor weiterzugehen, anstatt Auskunft zu geben oder gar in der Geldbörse nach Wechselgeld zu kramen.
Um uns selbst zu schützen, legen wir vor allem in den Großstädten eine Art „Panzer" an: Möglichst unnahbar und stark wirken, niemanden direkt ansehen, alles unter Kontrolle haben.

Besonders in den USA ist es wichtig, bestimmte Regeln für das Verhalten in der Öffentlichkeit zu beachten. Man sollte niemals Leute anstarren oder zu lange direkt anblicken! Weder den Kellner im Restaurant und schon gar nicht Unbekannte in der U-Bahn. Direkter Blickkontakt wird in solchen Umfeldern als befremdlich empfunden. Der Restaurantkellner würde Sie fragen, ob etwas nicht in Ordnung sei, in der U-Bahn würden Sie unwillkürlich auf sich aufmerksam machen.

Für Touristen sollte es selbstverständlich sein, sich unauffällig zu kleiden. Manche Leute können es trotz aller Warnungen nicht lassen. Sie benützen den Urlaub, um sich besonders herauszuputzen und den Familienschmuck auszuführen. Ihr Verstand sollte sie davon abhalten.

MERKE!

Gerade als Tourist in fremder Umgebung sollte man sich möglichst unauffällig kleiden.

Teurer Schmuck und Pelze sowie exklusive Markenprodukte wie Jacken mit bestimmten Labels sollte man nicht unbedingt in der Öffentlichkeit tragen. Sie wirken auf manche Leute provozierend und locken Diebe an.

Die Klage über den Verfall der Sitten bringt nichts. Tatsachen muss man ins Auge sehen. Deshalb werden hier nur die Grundregeln zivilisierten Verhaltens angeführt:

Grundwissen

- Rempeln Sie trotz Stress und Hektik Leute auf der Straße, beim Einsteigen in öffentliche Verkehrsmittel usw. nicht an. Dies ruft nur Gegenaggressionen hervor. Sie können leicht an den Falschen geraten, der sich dies nicht bieten lässt.
- Müttern mit kleinen Kindern im Buggy sollte man in öffentlichen Verkehrsmitteln beim Ein- und Aussteigen helfen. Vorher auf alle Fälle fragen, ob das in Ordnung ist.
- Bewahren Sie sich eine Spur Zivilcourage. Wenn Sie Leute halb ohnmächtig, mit Kreislaufschwäche oder sonstigen Gesundheitsproblemen auf dem Boden liegen sehen, bleiben Sie wenigstens stehen. Wenn Sie Angst haben, in eine Falle gelockt zu werden, holen Sie Hilfe.

Körperlichkeiten: Spucken, Husten, Räuspern

MERKE!

Direkte Körperäußerungen verstoßen gegen unser Verständnis von gutem Benehmen. Spucken, Gähnen, Schnäuzen wird nicht angekündigt und kommentiert, sondern man versucht, es diskret zu verbergen.

Noch vor hundert Jahren galten in Bezug auf Spucken, Husten usw. ganz andere Regeln, als sie heute üblich sind. Man gab sich weniger zurückhaltend als heute. Es gab Leute, die nicht in die herumstehenden Spucknäpfe spuckten, sondern auf den Boden, oder in Gesellschaft mit den Fingern aßen. Die Anstandsbücher der damaligen Zeit widmeten diesen Unsitten viel Raum. Es war ausdrücklich verboten, aus dem Fenster auf die Gasse zu spucken. Außerdem durfte man nicht vor anderen Leuten ausspucken. Es wurde als Geste der Verachtung betrachtet. Und es bestand die Gefahr, so ist in der damaligen Benimmliteratur zu lesen, dass man jemanden irrtümlich treffen und beschmutzen könnte.

Um die Zeit der Jahrhundertwende verschwanden in Kreisen, in denen man sich für vornehm und gebildet hielt, die Spuckschalen. Es galt als äußerst unfein, in weitem Bogen hinauszuspucken. Vornehme Leute verwendeten diskret ein Taschentuch.

Für uns ist dies heute kein Thema mehr. Es gilt als selbstverständlich, dass man in der Öffentlichkeit nicht auf die Straße spuckt.

Niesen

MERKE!

Prustendes und schallendes Niesen sollte, sofern dies möglich ist, nicht zu Ihrem Repertoire gehören. Auch ein kommentierendes „Hatschi" gilt nicht als Inbegriff der feinen Etikette.

Nicht immer lässt sich der Niesreiz unterdrücken. Das ideale Niesen ist dezent und zurückhaltend, nicht lautes Gedröhne. In welcher Lautstärke und Tonhöhe man auch niest, auf jeden Fall sollte man den Kopf zur Seite drehen, niemandem direkt ins Gesicht niesen und die Hand oder ein Taschentuch vorhalten. Die Vorstellung, herumfliegende Bakterien oder sonstige Krankheitskeime abzukommen, ist schließlich niemandem angenehm.

Wünsche ich „Gesundheit", wenn jemand niest?

Zu Beginn des 20. Jahrhunderts galt es als unfein, vom Niesen eines anderen Notiz zu nehmen. Es war verpönt „Zum Wohl", „Gesundheit" oder „Prosit" zu wünschen. Heute gilt es eher als unhöflich, das Niesen anderer zu ignorieren. Es gilt als Zeichen von Aufmerksamkeit, wenn Sie „Gesundheit“ wünschen. Dahinter verbirgt sich der Aberglaube, dass Niesen Glück bringe.

Wenn der Lippenstift verblasst ... Das Nachziehen der Lippen in der Öffentlichkeit

Man sieht die Szene immer wieder an den verschiedensten Orten. Im Restaurant, im Theaterfoyer, in der Straßenbahn, im Schnellimbiss, im Café – eine Dame klappt ihre Puderdose auf und kontrolliert im Spiegel ihr Make-up. Dann zieht sie sich in aller Öffentlichkeit die Lippen nach. Genau genommen handelt es sich dabei um eine Verletzung der Intimsphäre anderer. Die Versuchung, in aller Öffentlichkeit zum Lippenstift zu greifen, ist besonders groß, wenn man gerade gegessen hat und sich ohne schützende Farbe „nackt“ vorkommt.

Wenn es nicht anders geht und das Bedürfnis, Lippenstift aufzutragen überhand nimmt, hängt es vom Ort ab, ob öffentliches Schminken tolerierbar ist oder nicht. Im Theater, in der Oper, bei den Salzburger Festspielen, in einem vornehmen Restaurant sollte es auf jeden Fall unterbleiben. Man riskiert aggressive Reaktionen! An Orten, wo man sich weniger vornehm gibt – in der Stammkneipe am Eck – besteht diesbezüglich weniger Gefahr. Man wird höchstens gehänselt: „Das hat sowieso keinen Sinn. Schöner wirst du nicht mehr!“

MERKE!

Grundsätzlich sollte man sich nicht vor anderen Leuten die Lippen nachziehen und das Make-up erneuern. Für solch intime Handlungen zieht man sich besser zurück.

Essen auf der Straße

Der Aufschwung der vielen Schnellimbisse hat es mit sich gebracht, dass das schnelle Essen in der Öffentlichkeit alltäglich geworden ist. Vor ein paar Jahrzehnten noch galt es als unmöglich, wenn Jugendliche auf der Straße Pommes frites aus der Tüte aßen. Die Pizza in der Hand, während man im Laufschritt zur U-Bahn eilt, der schnelle Döner nach dem Büro – diese Esskultur ist vielleicht nicht besonders gesund, als Verhaltensweise jedoch alltäglich.

Aber nicht alle mögen den Geruch fremder Pizzaschnitten, wenn sie eingeklemmt im Bus sitzen, oder lieben geräuschvolle Kaubewegungen an ihrem Ohr. Einige Grundregeln sollten auch Liebhaber des schnellen Essens in der Öffentlichkeit beachten:

Grundwissen

- Kommen Sie mit Pizzaschnitten, Pommes frites, Hotdogs oder Döner fremden Leuten nicht zu nahe. Es besteht die Gefahr der Geruchs- und Geräuschbelästigung (und des Ankleckerns)!
- Seien Sie so freundlich und entsorgen Sie die Überreste Ihrer Mahlzeit: Befördern Sie leere Getränkedosen und Papierreste in den Abfallkorb!

Der Kaugummi

Kauen sollte bei geschlossenem Mund und ohne störende Begleitgeräusche erfolgen. Das Erzeugen riesiger Luftblasen ist Kindern vorbehalten. Bei Erwachsenen wirkt dieses Verhalten ziemlich unreif. Außerdem droht die Gefahr, dass die schönen Luftblasen platzen und man ihre Überreste im Gesicht kleben hat.

Niemals!

- Spucken Sie nie den Kaugummi auf der Straße aus. Irgendwann tritt jemand hinein und hat Kaugummi an der Sohle seiner Schuhe kleben.
- Legen Sie abgelutschten Kaugummi in keinen Aschenbecher. Es ist ein unappetitlicher Anblick.
- Bewahren Sie gebrauchten Kaugummi nicht auf, um auf ihm nach dem Essen weiterzukauen (etwa indem er vorübergehend unter die Tischplatte geklebt wird).

Geldgeschäfte am Geldautomaten

Starren Sie keinesfalls Leuten über die Schulter, die Geld vom Automaten abheben oder mit Kredit- bzw. Eurocheque-Karte bezahlen. Sie würden wie ein möglicher Dieb wirken! Und das wollen Sie doch nicht.

Im Supermarkt: „Darf ich vor? Ich habe ganz wenig!“

Kein Besuch im Supermarkt ohne ein Vordrängmanöver. So wenig haben die Leute, die vorgelassen werden wollen, oft gar nicht gekauft. Sie tragen bloß alles im Arm und verwenden keinen Einkaufswagen. Im Prinzip sind Sie aber nicht verpflichtet, jemanden vorzulassen. Es gilt: In der Reihenfolge des Anstellens kommt man bei der Kasse dran. Ist die Schlange sehr lang und bittet Sie jemand, der nur einen Liter Milch oder ein Pfund Zucker gekauft hat, ihn vorzulassen, können Sie großzügig sein. Bei einem Einkauf, der drei Artikel übersteigt, sollten Sie grundsätzlich niemanden mehr vorlassen.

MERKE!

Sich vorzudrängeln, wo andere Schlange stehen, ist alles andere als gutes Benehmen.

Das Rauchen

Geänderte Rauchsitten

Im 19. Jahrhundert galt: Nur Männer rauchen in der Öffentlichkeit. Die dafür vorgesehenen Plätze hießen in der feinen Gesellschaft Rauchsalons. Dorthin zogen sich die Herren nach dem Essen zurück. In diesem Zusammenhang entstand übrigens der Begriff „Smoking“. Er bezeichnete ursprünglich ein Raucherjackett, das man – abends – im Rauchsalon trug. Die Etikette verbot es den Herren, in Gegenwart der Damen zu rauchen. Für Damen galt selbstverständlich allgemeines Rauchverbot. Wer es dennoch tat, galt als Angehörige der Halbwelt, als Flittchen oder als Suffragette. Rauchen war nicht damenhaft. Noch in den 50er Jahren galt es als unschicklich, dass eine Frau rauchte, schon gar nicht auf der Straße. Seitdem nimmt die Zahl der rauchenden Frauen immer weiter zu. In den 60er und 70er Jahren wurde es – für Männer und Frauen – selbstverständlich, in der Öffentlichkeit zu rauchen. Wo man hinkam, war es völlig normal, zuerst zur Zigarettenschachtel zu greifen und sich eine Zigarette anzustecken. Rauchen galt als männlich, cool, progressiv oder schick. Man konnte sich aussu-

MERKE!

Fragen Sie stets, ob Sie rauchen dürfen oder ob es jemanden stört. Leute, die sich rücksichtslos und ohne etwas zu sagen, eine Zigarette nach der anderen anzünden, gelten als rüpelhaft.

chen, welche Eigenschaft man ihm zuschrieb. Rauchen war immer und überall gestattet. Niemand fragte, ob Rauchen erlaubt ist oder ob es jemanden stören würde.

MERKE!

Heute ist Rauchen auf der Straße nicht mehr extrem verpönt. Frauen, die auf der Straße rauchen, müssen allerdings immer noch damit rechnen, von alten Leuten oder sehr konservativen Menschen schief angesehen zu werden.

Der Trend, der in den USA die Ausmaße einer Anti-Raucher-Kampagne angenommen hat, wird weiter anhalten. In Bürogebäuden, Restaurants, Eisenbahnen, Flugzeugen, Postämtern, Schulen mehren sich die Nichtraucherzonen. Öffentliche Gebäude sind Sperrgebiet für Raucher. Raucher ziehen sich wieder – ähnlich wie früher – in eigens dafür vorgesehene Rauchzonen zurück.

Rauchen auf der Straße

Ein solches Verhalten war Männern immer erlaubt. Bei Frauen allerdings galt es als schwere Verfehlung. Auf der Straße raucht nur ein Flittchen, hieß es. Heute darf eine Frau auf der Straße ohne weiteres rauchen.

Rauchen, während andere essen – eine Todsünde der Etikette

Angenommen es handelt sich um eine größere Runde. Alle bis auf eine Person haben schon zu Ende gegessen. In diesem Fall fragt man im privaten Kreis: „Stört es dich, wenn ich schon rauche?"

MERKE!

Eine der eisernen Grundregeln der Etikette besagt: Solange in einer Tischrunde noch jemand isst, wird nicht geraucht.

Im beruflichen Umgang hingegen sind moderne Rauchsitten strengstens einzuhalten! Fehlverhalten kann hier ernste Konsequenzen haben. Besonders Leute aus dem angelsächsischen Raum (USA, Großbritannien) verstehen meistens keinen Spaß, wenn es um das Thema Rauchen geht. Beachten Sie daher unbedingt folgende Regeln:

Grundwissen

- Erkundigen Sie sich vorher, ob Ihr Gast Raucher oder Nichtraucher ist.
- Fragen Sie, ob er an einem Raucher- oder Nichtrauchertisch sitzen möchte.
- Wählen Sie das Restaurant danach aus. In Mitteleuropa trennen nicht alle Restaurants selbstverständlich Raucher- und Nichtraucherbereich.
- Raucht Ihr Gast nicht, sollten Sie auch darauf verzichten.

Der Besitz von Rauchwaren

Für jeden Raucher und jede Raucherin sollte es selbstverständlich sein, die Rauchutensilien dabeizuhaben. Die Unsitte, Zigaretten, ohne zu fragen, aus umliegenden Schachteln zu nehmen, löst Befremden aus. Wenn man keine Zigaretten dabeihat, fragt man zumindest, ob man eine nehmen darf.

Flirt und Rauchen

Kettenraucher erinnern geschmacklich an Aschenbecher. Einen solchen Mund küsst man nicht gern. Dies gilt selbstverständlich auch für nichtrauchende Männer gegenüber Raucherinnen. Es schadet auch nicht, wenn die Damen bei einem Rendezvous ihr Eau de Toilette dabeihaben. Wer den ganzen Abend in einem verrauchten Lokal verbracht hat, hat den Geruch von kaltem Rauch unweigerlich in seinen Kleidern. Schlechte Geruchsvoraussetzungen für die Fortsetzung des Flirts!

MERKE!

Gehen Sie nie ohne Pfefferminzbonbon oder Mundspray zum Rendezvous! Damit lässt sich unangenehmer Mundgeruch (Zigaretten!) vertreiben.

Signale beim Rauchen, die Männer vermeiden sollten

Es gibt immer noch Männer, denen die Cowboys und andere raue Burschen aus den Zigarettenwerbungen nicht aus dem Kopf gehen. Sie halten Rauchen für einen Ausdruck von Männlichkeit. Wenn sie sich besonders draufgängerisch geben wollen, setzen sie bestimmte Signale ein. In den meisten Fällen wirkt das Macho-Rauchgehabe eher komisch als männlich.

Abzuraten ist von folgenden Rauchsitten:

Niemals!

- die Zigarette wie James Dean in den Mundwinkel hängen
- die Zigarette bis zum Filter rauchen (man verbrennt sich leicht die Finger)
- die Zigarette zwischen Daumen und Zeigefinger halten und den Rauch hörbar laut ausstoßen
- Rauch aus der Nase blasen (erinnert an ein Walross)
- die (nicht angezündete) Zigarette hinter dem Ohr tragen

Zigarren

Man liest es überall: Die gepflegte Zigarre ist schick geworden – auch in den USA. Dort entstand der neue Trend der Zigarrenclubs. In solchen Etablissements treffen sich Liebhaber und Liebhaberinnen von Havannas, Davidoffs und anderen edlen Rauchwaren, um ihrem Laster zu frönen. Der Spaß sei ihnen gegönnt.

Die Kunst der Konversation

MERKE!

Höflicher als das verallgemeinernde „Wie geht's?" ist die persönliche Anrede: „Wie geht es Ihnen, Herr Schmidtchen?"

Wie leite ich ein Gespräch ein?

Die Floskel „Wie geht's?" ist immer noch eine der praktischsten Redewendungen zur Einleitung eines Gesprächs. Sie hat viele Vorteile:

- Man muss nicht lange über einen geeigneten Gesprächsanfang nachdenken.
- Sie passt fast immer.
- Man gewinnt Zeit, um sich eine Anschlussfrage („Was machen die Kinder?") zu überlegen.

Fassen Sie die Floskel „Wie geht es Ihnen?" nicht allzu wörtlich auf. Sie ist eine häufig gebrauchte Gesprächsformel und eine Standardeinleitung. Geben Sie, außer Sie treffen sehr gute Freunde, eine allgemeine Antwort: „Danke, gut" oder „Ausgezeichnet, vielen Dank". Ergehen Sie sich nicht in ausschweifenden Tiraden über Ihre persönlichen Probleme.

Welche Themen eignen sich für Tischgespräche?

Verbotene Themen: Geld, Politik, Krankheiten
Der menschliche Körper und seine Tätigkeiten und Befindlichkeiten waren – und sind – für Tischgespräche tabu!
Ebenso verpönt ist es, über Abwesende zu klatschen oder Vertraulichkeiten weiterzuerzählen. Es macht einen schlechten Eindruck, wenn man gerade in Zeiten hoher Arbeitslosigkeit Dinge weitererzählt wie: „Habt ihr schon gehört, den X haben sie auch rausgeschmissen. Jetzt kann er sehen, wo er bleibt."

Niemals!

Erlaubte Themen: Unverfängliche Themen etwa aus der Welt der Kultur und des Klatsches: Theaterpremieren, Musik, Literatur, die neuesten Bestseller, Kinohits und Klatsch aus der Regenbogenpresse. Klatsch-Themen bieten durch ihre Verbreitung in den Medien den Vorteil, dass die Anwesenden darüber meist gut informiert sind. Und schließlich das Thema schlechthin bei Tischgesprächen: der Beruf. Viele Treffen und Gespräche unter Berufskollegen sind Jobbörsen. Hier erfährt man, wer wo welche Position bekommen hat, wo welche Stelle zu besetzen ist, wer welche Aufträge zu vergeben hat. Es lohnt sich, ein Netzwerk von Kontakten, die für den Job nützlich sind, zu pflegen.

MERKE!

Reden können, Anekdoten auf Lager haben, sich am Gespräch beteiligen und nicht stumm wie ein Fisch herumsitzen – das sind grundlegende Anforderungen für gesellschaftlichen Erfolg.

Small Talk und gesellschaftlicher Erfolg

Um als ernst zu nehmender und interessanter Gesprächspartner zu gelten, sollten Sie über eine Vielzahl von Themenbereichen informiert sein: über das aktuelle Zeitgeschehen bis hin zu kulturellen Ereignissen und allgemeinem Klatsch.
Nicht jeder ist zum Talkmeister geboren. Aber auch die, die Probleme haben, sich als lockerer Plauderer darzustellen, müssen nicht verzagen.
Auch wenn es Ihnen schwer fällt und Sie es ungerecht finden, dass die talentierten Plaudertaschen es gesellschaftlich leichter haben,

geben Sie sich nicht dem Selbstmitleid hin. Niemand verlangt von Ihnen, dass Sie das große Wort führen. Aber tun Sie alles, damit Sie nicht wie ein Trauerkloß herumsitzen und keinen Ton von sich geben. Man ist schnell als Langweiler abgestempelt! Der gesellschaftliche Misserfolg ist so vorprogrammiert. Wer lädt schon gerne stumme Langweiler zum Abendessen ein?

Konversationsetikette

MERKE!

Schweigen Sie, wenn Sie sich bei einem Thema unsicher fühlen. Wer an der richtigen Stelle schweigt, überdeckt damit Unsicherheiten. So kann man sich Blamagen ersparen.

- Drücken Sie sich klar und verständlich aus. Schachtelsätze sind ebenso unpassend wie allzu viele Fremdwörter. Sie riskieren, dass man Sie für arrogant hält, wenn Sie sich zu gewählt und kompliziert ausdrücken.
- Die Anstandsbücher verboten früher, Dialekt zu sprechen. Dies kann man heute nicht mehr so generell sagen. Eine milde dialektale Färbung kann durchaus als charmant gelten. Aber übertreiben Sie es nicht mit Dialektausdrücken!
- Ein Wortschatz, der nur als Modewörtern besteht, wirkt unoriginell und auf Dauer langweilig. Hüten Sie sich davor, alles und jedes „hip“, „abgefahren“, „supergeil“, „mega-out“, „mega-cool“ usw. zu finden.
- Die Form des Monologs ist für Tischgespräche und Unterhaltungen ungeeignet. Selbstdarsteller werden in die Schranken gewiesen, indem man sie mit Nichtbeachtung straft oder sie einfach unterbricht und ein anderes Thema anschneidet.

Klatsch

MERKE!

Klatsch ist die Würze jeder Unterhaltung. Es ist aber Vorsicht geboten! Überlegen Sie genau, was Sie wem erzählen können und was nicht.

Gutes Benehmen und Klatsch sind unvereinbar – so ist es in allen Benimmbüchern zu lesen. Allgemein bekannt ist jedoch: Der Klatsch ist das Herzstück so gut wie jeder Unterhaltung. Es ließe sich mit Sicherheit statistisch beweisen: Klatsch ist für die überwältigende Mehrheit der Bevölkerung ein Lebenselixier. Trotzdem gilt: Lieber Distanz wahren, als jemandem zu nahe treten. Ein unbedachtes Wort am falschen Ort geäußert, kann großen Schaden verursachen.

Erzählen Sie niemals negative Dinge oder bösartige Gerüchte, die über eine bestimmte Person im Umlauf sind, diesem Menschen brühwarm weiter! Dies schafft nur böses Blut und lässt Sie taktlos erscheinen.

Niemals!

Theater, Konzertsaal, Oper und Kino

Kleidung für besondere Anlässe

Welche Kleidung trage ich im Theater?

Im Prinzip ist heute alles erlaubt. Auch in löchrigen Jeans und Turnschuhen werden Sie (zumindest in den meisten Fällen) nicht mehr des Ortes verwiesen. Es stellt sich allerdings die Frage, ob Sie sich in einem solchen Outfit im Theater tatsächlich wohl fühlen. Aber dies muss jeder für sich selbst entscheiden.

MERKE!

Im Allgemeinen empfiehlt sich als Kleidung für das Theater jedes Outfit, das auch im Geschäftsleben tragbar ist. Für Frauen: Kostüm (grau, schwarz) mit passender Bluse und eleganten Schuhen. Für Männer: Anzug (grau, dunkelblau) oder als legerere Variante eine Kombination aus Hose, T-Shirt und Sakko.

Was Sie vor einem Theaterbesuch bedenken sollten:

- Lassen Sie sich beim Besuch eines Theaters oder der Oper nicht von einer Herausputz-Hysterie anstecken. Overdressed ist genauso schlecht wie underdressed. Ein Theaterbesuch darf nicht mit einem Ballbesuch verwechselt werden. Im langen Abendkleid beispielsweise wirken Sie im Theater *overdressed*.
- Gehen Sie sparsam mit Parfum um! Ihre Sitznachbarn werden es Ihnen danken. Immer wieder wird das großzügige Auftragen von Parfum mit Eleganz verwechselt. Das Gegenteil ist der Fall. Wenn Sie wie eine wandelnde Duftwolke ankommen, werden Sie das Missfallen Ihrer Umgebung auf sich ziehen. Wer überdurchschnittlich stark parfümiert und aufgedonnert wie ein Pfau im Theater oder in der Oper erscheint, gibt zu erkennen, dass er Orte des kulturellen Lebens höchst selten aufsucht.

Welche Kleidung trage ich im Konzertsaal?

Es gelten die gleichen Regeln wie für den Theaterbesuch.

Was ziehe ich in der Oper an?

Aufgrund der teuren Kartenpreise ist der Besuch eines Opernhauses für die meisten ein selteneres Ereignis als ein Theaterbesuch. Insofern können Sie sich für die Oper eine Spur mehr zurechtmachen als für das Theater. Das kleine Schwarze oder ein nicht allzu auffallendes Abendkleid können Sie hier durchaus ausführen. Herren tragen Smoking oder einen dunklen Anzug.

Was ziehe ich für einen Kinobesuch an?

Für einen Kinobesuch gibt es keine Kleidervorschriften. Sie können anziehen, was Sie möchten. Denn hier ist es ohnehin dunkel, es geht um den Film, um Popcorn und andere kulinarische Accessoires des Kinobesuchs.

Unterwegs

Ist hier noch ein Platz frei?

In der Straßenbahn, im Bus oder in der U-Bahn fragt man nicht, sondern setzt sich dorthin, wo ein freier Platz ist.
Im Flugzeug grüßt man die Sitznachbarn, wenn man zu seinem Platz kommt. Dies entspannt die Situation und schafft eine angenehmere Atmosphäre. Zur Konversation ist man allerdings nicht verpflichtet.
Bei Reisen mit der Bahn ist es höflicher zu fragen, ob man sich setzen darf. Man sagt: „Ist hier frei?“ und lässt sich nicht einfach wortlos in den Sitz fallen.

MERKE!

Wenn Sie schon in fremden Zeitungen lesen müssen, tun Sie dies nicht allzu auffällig.

Die Zeitung anderer Leute

Viele Leute lesen gerne bei anderen mit, obwohl sie selbst mit Lesestoff versorgt sind. Doch: Die Zeitung anderer Menschen ist nicht für Ihre Augen bestimmt. Ihnen liegt bestimmt nicht daran, für jemand gehalten zu werden, der so arm ist, dass er sich nicht eine eigene Zeitung leisten kann.

Im Urlaub

Zurückhaltendes Benehmen ist auch im Urlaub angesagt:

- Fotografieren und filmen Sie keinesfalls Einheimische oder andere Touristen ohne deren Erlaubnis. Wenn Sie sich nicht daran halten, riskieren Sie Bedrohungen und aggressive Reaktionen. Die meisten Menschen betrachten unerlaubtes Filmen und Fotografieren als Verletzung ihrer Privatsphäre und lassen sich dies nicht bieten. In manchen Kulturen ist es darüber hinaus verpönt, Menschen auf Bilder zu bannen.
- Passen Sie Ihre Kleidung den Situationen und Landessitten an. In südlichen, zumeist streng katholischen Ländern erregt man in Shorts und Bikini in der Stadt den Ärger der Einheimischen.
- Für die Besuche von Kirchen und Kulturstätten sollte man immer Kopfbedeckung und ein Schultertuch dabeihaben.

MERKE!

Belästigen Sie am Strand Ihre Nachbarn nicht mit lauter Musik aus dem Kassettenrekorder oder CD-Player. Ein Walkman tut es auch!

Im Fitnesscenter

Wer in einer transparenten Strumpfhose und mit nichts als einem Tanga-Body darüber im Fitnessstudio erscheint, ist „schlecht gekleidet“. Eine solche Kleidung ist für die Dreharbeiten zur Fernsehserie „Der König von St. Pauli“ vielleicht nicht unpassend, im Fitnessstudio fällt man aber damit auf. (Manche Leute bezwecken natürlich genau dies.)

Lassen Sie in den Aerobic-Stunden Ihren Nachbarn Platz. Drängen Sie sich nicht eitel vor den Spiegel, sodass sie den anderen die Sicht verstellen.

MERKE!

Allzu gewagte erotische Outfits sind zum Training nicht geeignet.

Das Paar in der Öffentlichkeit

Wie viel Nähe zeigt man vor den Augen der anderen?

Erwachsene Menschen, die in der Öffentlichkeit ständig ihre Zweisamkeit ausstellen, sind für die Umgebung schwer erträglich. Ein Paar besteht immer noch aus zwei unterschiedlichen Menschen. Sie sollten sich auch so verhalten: nämlich wie selbstständige Individuen und nicht wie siamesische Zwillinge. Ausnahme: Die Phase erster Verliebtheit. Die meisten Menschen sind in diesem euphorischen Zustand ohnehin nicht zurechnungsfähig.

Grundwissen

- Breiten Sie nicht vor anderen Leuten Ihre Konflikte aus. Streit und Eifersuchtsanfälle in aller Öffentlichkeit sollten tabu sein. Wenn Sie zu viel Gefühl nach außen tragen, machen Sie sich auch angreifbar.
- Gehen Sie mit Kosenamen sparsam um! Leute, die einander ständig mit Hasi, Mausi, Schatzi anreden, sind fast so skurril wie die alten Ehepaare, die Mama und Papa zueinander sagen. Der Mensch hat einen Vornamen! Sprechen Sie ihn aus.

Tiere in der Öffentlichkeit

Grundregeln für Hundebesitzer

Lebensmittelgeschäfte: Der Hund muss draußen bleiben. Das Verbotsschild an der Tür besagt es.

MERKE!

Hunde haben in Restaurants nichts zu suchen.

Restaurant: Auch wenn kein Verbotsschild an der Tür prangt, im Allgemeinen sind Hunde nicht erwünscht. Dies hat weniger mit der mangelnden Tierliebe der Wirte zu tun, als damit, dass sich andere Gäste beschweren könnten. Ein Hund, der im Restaurant an fremden Tischen um Essen bettelt, ist nun einmal der Gipfel der Unappetitlichkeit. Wenn der Hund unbedingt dabei sein muss, sollte man ihn an der kurzen Leine halten. Er darf nicht frei im Lokal herumlaufen.

Büro: Ein Hund gehört nicht an den Arbeitsplatz. Hundegebell stört die Konzentration. Da der Hund nicht arbeitet, sondern den ganzen Tag nach Plastikknochen und Spielgefährten sucht, wird er aufdringlich und stört. Arbeitskollegen, aber vor allem Geschäftspartner, die zu Besuch kommen, können sich belästigt fühlen.

Café, Straße: Hundekontakt ist hier unvermeidbar.

Zu Hause

Einladungen

Grundwissen

- Abendessen oder Umtrunk im kleinen Kreis: Telefonische Einladung genügt. Sie sollte aber mindestens eine Woche vor dem geplanten Ereignis erfolgen.
- Größere Gesellschaften wie Hochzeiten, Cocktailpartys, runde Geburtstage usw.: Zu solchen Ereignissen lädt man schriftlich ein. Da dies offiziellere Feiern sind, sollte die Vorlaufzeit hier mehrere Wochen betragen. Die Einladung muss nicht gedruckt sein (Kosten!), in Copy-Shops lassen sich ansprechende Einladungen herstellen. Fügen Sie den Vermerk „U.A.w.g.“ („Um Antwort wird gebeten“) und Ihre Telefonnummer hinzu. So können Sie kontrollieren, mit wie vielen Gästen Sie rechnen müssen.

Die Zusammenstellung der Gästeliste

Als Gastgeber hat man eine gewisse gesellschaftliche Verantwortung. Abendessen, Cocktailpartys und sonstige Einladungen sollen schließlich von den Gästen als amüsant und gelungen und nicht als unangenehm und totlangweilig empfunden werden.

Grundwissen

Beachten Sie bei der Zusammenstellung der Gästeliste:

- Im Normalfall sollten annähernd so viele Frauen wie Männer eingeladen sein. Natürlich gibt es auch reine Frauen- und Männerrunden sowie Abweichungen von dieser Regel.
- Die Gäste sollen gemeinsame Interessen (etwa beruflicher Art) verbinden. Ist eine Runde allzu bunt zusammengewürfelt, fällt es vor allem bei kleineren Gesellschaften schwer, Gesprächsthemen zu finden.
- Achten Sie auf die persönlichen Beziehungen. Laden Sie niemals Leute, die sich nicht leiden können, gemeinsam ein! Solch unwillkommene Zusammentreffen können eine Runde und somit einen ganzen Abend zerstören.

MERKE!

Gehen Sie keinesfalls zu einer Gesellschaft, ohne vorher telefonisch zugesagt zu haben. Sie rufen an, bedanken sich für die Einladung und sagen: „Vielen Dank, wir kommen gerne."

Die Pflichten des Gastgebers/der Gastgeberin:

- die Gäste an der Tür begrüßen
- ihnen die Garderobe abnehmen
- die Gäste miteinander bekannt machen
- ihnen etwas zu trinken anbieten

Wie nehme ich eine Einladung an?

Egal, ob die Einladung telefonisch ausgesprochen wurde oder schriftlich erfolgte, Sie sollten in jedem Fall darauf reagieren.

Die Begleitung – ist sie automatisch bei einer Einladung eingeschlossen?

Gehen Sie davon aus, dass Einladungen paarweise erfolgen. Sagen Sie aber bei Ihrer Zusage, ob Sie zu zweit oder alleine kommen. Ihre Gastgeber müssen wissen, mit wie vielen Personen sie rechnen können. Der Einkauf der Getränke und die Vorbereitung des Essens machen eine gewisse Planung erforderlich.

Wollen Sie neben Ihrem Lebensgefährten oder Ihrer Freundin noch andere Freunde oder Bekannte zu einer Party oder zum Cocktail mitbringen, müssen Sie Ihre Gastgeber vorher fragen, ob ihnen dies recht ist. Bringen Sie auf keinen Fall unaufgefordert Leute mit, die nicht ausdrücklich eingeladen sind. Es kann zu unangenehmen Situationen kommen! Sowohl Ihre Gastgeber als auch Ihre Gäste werden es nicht mögen, so „überrascht" zu werden.

MERKE!

Wenn Sie bei einer Einladung zusagen, fügen Sie aber hinzu, ob Sie in Begleitung oder alleine kommen werden.

Wie lehne ich eine Einladung zum Abendessen oder zu einer Party ab?

Rufen Sie rechtzeitig an, mindestens einige Tage vor dem Termin, an dem das Ereignis stattfindet. Äußern Sie Ihr Bedauern: „Ich würde wahnsinnig gerne kommen, aber mein Mann hat schon vor Monaten die Opernkarten ausgerechnet für diesen Abend besorgt ..." Äußern Sie die Hoffnung, dass es ein anderes Mal klappen wird. Wünschen Sie viel Vergnügen und einen schönen Abend.

Offizielle Einladungen etwa zum Abendessen bei Ihrem Arbeitgeber können Sie nicht ablehnen, da sie nicht als Privatvergnügen gedacht sind. Sollten Sie wirklich verhindert sein, müssen Sie triftige Gründe vorweisen: Krankenhausaufenthalt, unaufschiebbarer beruflicher Termin ...

MERKE!

Pflichteinladungen etwa zum Chef oder Arbeitgeber können Sie praktisch nicht ablehnen. Sie kommen einer beruflichen Verpflichtung gleich.

Was bringe ich als Geschenk mit?

Blumen: Sie sind das klassische Einladungsgeschenk. Darüber freut sich jede Gastgeberin. Blumen werden in der Folie überreicht. Das Papier nimmt man vorher ab und wirft es in den Papierkorb in der Garderobe.

Alkohol: Zum geselligen Beisammensein unter Freunden können Sie Alkohol mitbringen. Es ist oft sogar erwünscht.

MERKE!

Verletzen Sie die Gefühle Ihrer Gastgeber nicht, die sich viel Mühe gegeben haben. Wollen Sie sich frühzeitig verabschieden, erfinden Sie lieber eine glaubwürdige Ausrede, als abrupt wegzugehen.

Wie verabschiede ich mich frühzeitig?

Es gibt Einladungen, die überaus nett gemeint sind. Das Essen ist gut, die Gäste sympathisch, aber aus irgendeinem Grund will die Stimmung nicht so recht aufkommen. Kurz: Sie langweilen sich. Natürlich könnten Sie den Abend mit Trauermiene über sich ergehen lassen. Sehr höflich Ihren Gastgebern gegenüber ist es nicht.

Ausreden, mit denen Sie sich frühzeitig verabschieden können:
- Der Babysitter hat nur bis 23 Uhr Zeit.
- Ich habe heute Kopfschmerzen.
- Ich leide heute unter Wetterfühligkeit.
- Ich habe morgen früh einen besonders wichtigen Termin.
- Ich muss morgen die Frühmaschine nach Zürich erreichen und noch die Unterlagen herrichten.

MERKE!

Fand man eine Einladung ganz besonders nett, ruft man am nächsten Tag nochmals an, um sich für den schönen Abend zu bedanken. Das Höchstmaß an Höflichkeit erreicht, wer zum Dank einen Blumenstrauß schickt.

Gastgeber verdienen Dank

Normalerweise verabschiedet man sich mit Höflichkeitsbekundungen wie „Das Essen war ausgezeichnet." – „Der Wein hat ganz wunderbar geschmeckt." – „Es war ein schöner Abend." usw.

Der Besuch

In bürgerlichen Kreisen war früher das Vorhandensein einer repräsentativen großen Wohnung die Voraussetzung für die Entfaltung der Rituale der Etikette. Ein Salon, in dem sonntags Gäste empfangen wurden, gehörte ebenso dazu wie Dienstpersonal. Das Dienstmädchen hatte etwa die Aufgabe, dem Besucher die Garderobe abzunehmen. Dieser überreichte seine Karte. Vom Brauch, bei Besuchen die Karte abzugeben, zeugt heute noch das Wort „Visitenkarte". Das Dienstmädchen teilte der „gnädigen Frau" mit, dass Herr Kommerzialrat X eingetroffen sei und im Salon warte. Das war einmal.

MERKE!

Den unangemeldeten Besuch gibt es nicht mehr. Wer Leute besuchen möchte, vereinbart dies vorher telefonisch.

Es kommt immer noch vor, dass man von Leuten mit dem saloppen Hinweis: „Komm vorbei, wenn du in der Nähe bist!" eingeladen wird. Meistens wirkt dies aber peinlich und so, als wolle man diese Person gar nicht treffen.

Eignen sich Ein- oder Zwei-Zimmer-Wohnungen dafür, Gäste zu empfangen?

Kleinwohnungen, in denen sich oft schon der Bewohner beengt fühlt, sind kein ideales Umfeld, um Gäste zu empfangen oder zu bewirten. Solche Appartements sind zum Schlafen, Essen und zum Unterbringen von Gegenständen da – für Formen der Geselligkeit sind sie wenig geeignet. Die Tendenz, Verabredungen mit mehreren Leuten aus Platzmangel außer Haus zu verlagern, betrifft übrigens auch Kleinfamilien. Auch sie leiden oft unter zu wenig Wohnraum. Wenn Sie finden, Ihre Wohnung sei nicht ideal, um Gäste zu empfangen, oder wenn Sie aus sonstigen Gründen keinen Besuch möchten, so zwingen Sie sich nicht zu etwas, was Sie nicht tun wollen. Lassen Sie sich dann nur in Notfällen besuchen, etwa wenn Sie krank sind und Ihnen jemand die Einkäufe bringen muss.

Besuch und Haustiere

Die Besitzer von Hund, Katze, Meerschweinchen oder Kanarienvogel sollten nicht versuchen, von Besuchern Beweise von Tierliebe zu erzwingen. Sie könnten an jemanden geraten, der Tiere nicht gerne mag, und die Einladung steht dann von Anfang an unter einem schlechten Stern.
Tierliebhaber sollten zur Kenntnis nehmen: Es gibt Menschen, die es nicht mögen, wenn eine Katze auf ihnen herumsteigt oder sie plötzlich eine nasse Hundezunge im Gesicht haben.

MERKE!

Nur mit der ausdrücklichen Zustimmung bzw. dem deutlich geäußerten Wunsch des Besuches darf der Tierhalter sein Haustier zeigen. Ansonsten sollte der Besuch nicht mit dem Tier behelligt werden.

Krisenthema Haushalt

Früher vertrat man ein Menschenbild, das auch auf „inneren" Gehorsam und Selbstkontrolle größten Wert legte. In Etikettebüchern aus den 50er Jahren etwa finden sich zahlreiche Bemerkungen darüber, dass es nicht anginge, das Bett nicht zu machen oder Dinge herumliegen zu lassen.
Heute empfinden viele Menschen Faulenzen und Sich-Gehenlassen am Wochenende als entspannenden Ausgleich zum Stress im Beruf. Sie leben nach der Regel: Zu Hause tue ich, was ich will! Voraussetzung dafür ist: Man lebt alleine.
Leben Sie aber nicht alleine, sondern

- kinderlos, mit einem Partner oder einer Partnerin zusammen
- mit Familie
- in einer Wohngemeinschaft
- mit Ihrem Mann oder Ihrer Familie unter einem Dach mit den Eltern, sieht die Sache anders aus.

Das Thema Haushalt ist heikel. Hausarbeit macht keinen Spaß, muss aber sein. Doch wer ist für diese Arbeit zuständig? Wer in

MERKE!

Wie Sie in Ihren eigenen vier Wänden leben, ist einzig und allein Ihre Sache. Es kann jedermann egal sein, wie es bei Ihnen zu Hause aussieht, solange er sich nicht diesem Chaos aussetzen und Ihr Gejammer über schmutziges Geschirr anhören muss.

einem Haushalt wohnt, hat seinen Anteil daran zu leisten, würde man vermuten. Wir alle wissen: So einfach ist die Sache nicht. Die Gattung „Hausmann" wurde längst aus der Reihe männlicher Idealbilder ausgemustert. Mangelnde Attraktivität, nicht aufzuweisende berufliche Erfolge (sie machen einen Mann schließlich auch interessant) wurden der Spezies Hausmann vorgeworfen.
Trotz Emanzipation wird die Menschheit immer noch von Männern geplagt, die der Meinung sind, Hausarbeit sei einzig und allein Frauensache. Der Sprengstoff, der in dieser Haltung liegt, explodiert Tag für Tag in unzähligen Ehekrächen und Beziehungskrisen. Männer, Frauen und Kinder finden zu Recht: Hausarbeit macht keinen Spaß. Sie macht schlechte Laune und raue Hände. Aber was tun, wenn man sich keine Putzfrau leisten kann? Was tun, wenn Streitereien rund um das Thema Haushalt beziehungsgefährdende Dimensionen annehmen?

MERKE!

Das Thema Haushalt verlangt Organisation und Disziplin. – Erstellen Sie Putzpläne. Halten Sie sie ein.

Eine Hilfestellung können folgende Ratschläge sein:

- Führen Sie unbedingt eine Haushaltskasse. Sie muss regelmäßig (wöchentlich oder monatlich) abgerechnet werden. Vernachlässigen Sie dies nicht! Es kann fatale Folgen haben.
- Teilen Sie die Hausarbeit planmäßig auf. Erstellen Sie Wochenpläne: Einer ist für das Einkaufen, einer für die Wäsche usw. zuständig. Wegen der Abwechslung wird der Plan wöchentlich geändert.

Was tut man, wenn sich einer der Beteiligten nicht an die Abmachungen zum Thema Haushalt hält?

Ein ernstes Wort miteinander reden. Am Thema Haushalt sind schon viele Beziehungen, Verlobungen und Ehen gescheitert. Von jedem erwachsenen Menschen kann man verlangen, dass er sich um seine persönlichen Dinge kümmert und seinen Beitrag zur Pflege der Wohnung leistet. Es ist nicht einzusehen, warum die Haushaltspflichten nur an einem Partner hängen bleiben sollen.

MERKE!

Selbstdisziplin auf beiden Seiten ist der Schlüssel zu einem Zusammenleben, bei dem die Haushaltsführung nicht ständigen Anlass für Konflikte bietet.

Sollten Sie feststellen, dass sich der Gesprächsstoff in Ihrer Beziehung hauptsächlich um dieses Thema dreht, nehmen Sie das Warnsignal ernst! Gehen Sie in sich, suchen Sie fachliche Beratung auf, aber tun Sie etwas.

Die persönliche Sphäre und ihr Schutz

Toilette und Körperpflege

Singles haben es natürlich gut. Sie können ihre Zehennägel in der Küche schneiden und sich vor dem Fernsehapparat die Fingernägel lackieren oder mit einer Gesichtsmaske auf dem Sofa liegen. Sie werden ohnehin nicht gesehen.

Sind Sie aber kein Single, sollten Sie die Intimsphäre Ihrer Mitbewohner respektieren und alles, was zu Ihrer Toilette und Körperpflege gehört, nicht im Wohnzimmer, sondern im Badezimmer verrichten.

MERKE!

Jeder Mensch, auch Kinder und Ehepartner, hat Anrecht auf die ganz persönliche Sphäre. Das Wühlen in den Sachen anderer, das Öffnen der Post, das Abhören des Anrufbeantworters ist eine grobe Verletzung der Intimsphäre.

Niemals!

Verpönt ist ...

- sich während des Essens die Haare zu kämmen
- die Fußnägel beim Fernsehen oder am Küchentisch zu schneiden
- Kindern in der Öffentlichkeit die Windeln zu wechseln
- ins Badezimmer zu gehen, wenn es besetzt ist. Klopfen Sie an, bevor Sie das Bad betreten.

Kinder

Unser heutiges Modell von Familie entspricht nicht mehr patriarchalischen, sondern demokratischen Vorstellungen. Es regiert nicht mehr der Familienvater („Patriarch") mit eiserner Hand, Gehorsam erwartend. Häufig stehen die Kinder im Mittelpunkt des Familienalltags.

Was tue ich, wenn mir die Kinder meiner Gastgeber auf die Nerven gehen?

Sie verhalten sich unauffällig und machen gute Miene zum bösen Spiel. Wenn Sie zu Gast sind, sind die schlechten Manieren der Gastgeberkinder tabu! Sie dürfen auf keinen Fall angesprochen werden. Sonst werden Sie nie mehr in dieses Haus eingeladen.

Darf ich in Gesellschaft von meinen Kindern erzählen?

Eltern sind zumeist stolz auf ihre Kinder. Das ist verständlich. Sie können ruhig von Ihren Kindern erzählen, aber lassen Sie das Thema „Kinder“ nicht zum ausschließlichen Gegenstand des Gesprächs werden. Kinderlose werden sich zu Tode langweilen, weil sie nichts dazu beizutragen haben. Und wenn sie zu viel getrunken haben, könnten sie sogar leicht aggressiv werden.

Darf ich mein Kind in der Öffentlichkeit stillen?

Demonstrative Zurschaustellung von Mütterlichkeit, wie z. B. Stillen in der Straßenbahn, wirkt auf manche Leute befremdlich. Vor allem in ländlichen Gegenden sind die Leute oft sehr religiös und fühlen sich durch zu große Freizügigkeit in ihren Empfindungen gestört. Stillen ist ein intimer Akt, der streng genommen nicht in die Öffentlichkeit gehört.

MERKE!

Auch wenn es nicht Ihrer Weltsicht entspricht, vermeiden Sie negative Bemerkungen über Kinder. Stellen Sie zumindest einige Höflichkeitsfragen, wie es den Kindern geht usw.

Ich finde, man sollte keine Kinder in die Welt setzen. Darf ich das sagen?

Es ist unangebracht, die eigene Weltsicht anderen aufzwingen zu wollen. Hüten Sie sich vor negativen Bemerkungen über Kinder und Familie. Es geht Sie nichts an. Lassen Sie die anderen leben, wie sie wollen.

Besondere Anlässe

Freudige Ereignisse: Verlobung und Hochzeit

Die Verlobung war ein Eheversprechen. Der Mann (so war es früher nun einmal) hatte, wie man heute sagen würde, die „Option" auf eine bestimmte Frau erworben. Die gängigen Redefloskeln drückten dies aus: Sie war ihm „versprochen", sie würde bald „für immer ihm gehören" usw. Das Eheversprechen durfte nicht gebrochen werden. Wer dies tat, musste für Entschädigung sorgen. Gemeinhin ging man davon aus, dass es der Mann sei, der das einmal gegebene Eheversprechen lösen würde. Er hatte dann der Frau und den Brauteltern zumindest die Auslagen, die sie bis dahin gehabt hatten, zu erstatten. Und was noch schlimmer war: Der wortbrüchige Bräutigam hatte Schande über die Familie gebracht. Die Tochter konnte nun nicht, wie vorgesehen, „unter die Haube" gebracht werden.

Die Verlobung hatte also in Zeiten, als die Ehe und die Familiengründung für Frauen ihre wirtschaftliche Versorgung darstellte, große Bedeutung. Sie wurde dementsprechend mit einer Feier und Verlobungsringen begangen.

Heute hingegen sieht man in der Hochzeit ein romantisches Ritual, das seine einstige Bedeutung eingebüßt hat. Die Ehe ist nicht mehr vorrangig eine Institution zur Versorgung der Frau. Die Verlobung als Symbol zur „Bekräftigung des Eheversprechens" ist somit bedeutungslos geworden. Die Verlobung ist deshalb eher die Ausnahme als die Regel.

MERKE!

Leute, die Showeffekte lieben, zelebrieren Verlobungsrituale nach wie vor. Dazu gehören: Verlobungsringe und vor allem eine Party zur Einstimmung auf die Hochzeit.

Der Heiratsantrag

Die Tradition schrieb vor: Der Bräutigam hatte bei den Eltern der Braut seine Aufwartung zu machen. Er erschien zum Antrittsbesuch im Anzug. Als Zeitpunkt wurde die klassische Besuchszeit, sonntags zwischen elf und zwölf Uhr empfohlen. Blumen als Geschenk für die zukünftigen Brauteltern erschienen für den ernsten Anlass unpassend. In aller Form hielt der Bräutigam bei den Eltern der Braut um die Hand ihrer Tochter an. Er wurde einer strengen

MERKE!

Nur in sehr traditionalistischen Kreisen kommt die alte Variante des Heiratsantrages noch vor: Der Bräutigam hält bei den Brauteltern um die Hand der Tochter an.

Prüfung unterzogen. Vor allem ging es darum, herauszufinden, ob der junge Mann auch „anständig" war (weder Trinker noch Frauenheld) und genügend Geld verdiente, um seine zukünftige Frau und die zu erwartenden Kinder zu ernähren. Der Vater der Braut „übergab" gewissermaßen seine Tochter, für die er bislang gesorgt hatte, ihrem neuen Ernährer.

Heute macht das zukünftige Paar unter sich aus, in welcher Form es zusammenleben wird. Will man heiraten und den Bund formell beschließen oder lieber als unverheiratetes Paar zusammenleben? Manche Paare ziehen es auch vor, über getrennte Wohnungen zu verfügen.

MERKE!

Für den modernen Heiratsantrag ist eine Mischung aus Romantik und Realismus charakteristisch. Er fragt sie: „Willst du meine Frau werden?" Sie: „Ja!" – „Toll! Wann denn?" oder aber auch: „Meinst du, dass wir das wirklich tun sollen?" – „Ich weiß nicht."

In modernen Beziehungen bitten auch Frauen die Männer um „die Hand fürs Leben". Sie fragt ihn: „Willst du mich heiraten? Ich will!" oder „Möchtest du mein Mann werden?" – „Wollen wir heiraten? Was hältst du davon?" – „Steuerlich ist es günstiger, wenn man verheiratet ist. Hast du Lust, mit mir gemeinsam ein bisschen Geld zu sparen?"

Die Hochzeit

Sie ist ein Ritual und die Gelegenheit, ein großes Fest zu feiern. Aber sie kostet Geld, Geduld und Nerven.

MERKE!

Hochzeitsveranstalter veranschlagen sechs Monate als Vorbereitungszeit für eine große Hochzeit!

Wie bereitet man sich auf die Hochzeit vor?

Eine Hochzeit muss gut geplant sein. Sonst kann Chaos ausbrechen, und das große Fest wird zur großen Katastrophe. Davon handelt schließlich eine ganze Menge von Hollywoodkomödien.

Grundwissen

Vorbereitung einer Hochzeit

- Erstellen Sie eine Checkliste und einen Finanzplan.
- Besonders wichtig ist die Terminabstimmung. Eltern, engste Verwandte und Freunde, alle, die man unbedingt dabeihaben möchte, müssen an diesem Tag auch Zeit haben
- Aufgebot. Nach der neuesten Gesetzgebung heißt das Aufgebot in Deutschland nun „Anmeldung zur Eheschließung" und wird nicht mehr öffentlich ausgehängt. In Österreich und der Schweiz heißt es hingegen weiter Aufgebot. Die Anmeldung bzw. das Aufgebot muss beim Standesamt der Wohngemeinde bestellt werden.
- Stellen Sie eine Gästeliste auf.
- Auswahl und Buchung der Lokalität. Welchen Ort man für die Hochzeitsfeier wählt, hängt von den finanziellen Möglichkeiten und vom sozialen Umfeld des Brautpaares ab. In Adelskreisen ist die pompöse Hochzeit im Schloss üblich, sonst wird üblicherweise in einem Restaurant oder Hotel gefeiert.
- Zusammenstellung des Hochzeitsmenüs. Es sollte dem Anlass entsprechend eher festlich und nicht unbedingt ein traditionelles Wirtshausessen sein.
- Musik: Soll es Live-Musik geben? Wenn ja, empfiehlt es sich, so früh wie möglich die Band zu engagieren.
- Die Hochzeitskleidung und die Eheringe müssen gekauft werden.

Eheringe

Eheringe sollen auch dekorativ sein und nicht nach „Verpflichtung" aussehen. Dennoch sollte man bei der Auswahl der Eheringe nicht nur auf die Schönheit achten, sondern auch praktische Überlegungen berücksichtigen. Schließlich sollen die Ringe auch getragen werden. Es gilt als große Beleidigung, ein paar Wochen nach der Hochzeit die Ringe mit der Begründung abzulegen, sie würden stören.

MERKE!

Die Ringe werden zumeist gemeinsam ausgesucht. Oft gelten dabei dieselben Kriterien wie bei der Auswahl eines Schmuckstückes. Man findet heute viele modische Ringe.

Wer trägt die Kosten der Hochzeit?

Diese Verpflichtung kam traditionellerweise den Eltern der Braut zu. Der Aufwand für die Hochzeit fällt in die Kategorie Aussteuer. Sie sind es schließlich, die ihre Tochter „unter die Haube" bzw. „an den Mann" bringen.

Heute lässt sich diese Regelung keinesfalls mehr aufrechterhalten. Aber auch moderne Paare greifen aufgrund der hohen Hochzeitskosten gerne auf die Hilfe der Eltern (auch des Bräutigams) zurück.

Einladungen und Dankschreiben

MERKE!

Nach dem Hochzeitsfest verschickt man an alle, die etwas zur Hochzeit geschenkt haben, ein gedrucktes Dankschreiben: „Für die Aufmerksamkeit anlässlich unserer Hochzeit, möchten wir uns herzlich bedanken. Susanne und Reinhard H."

Die Einladung zu einer Hochzeit bzw. die Bekanntgabe der Vermählung hat in aller Form zu erfolgen. Man lässt eine grafisch dem Anlass entsprechend gestaltete Einladungskarte drucken und verschickt sie an die Gäste. Der Text kann beispielsweise lauten: „Susanne B. und Reinhard H. freuen sich, ihre Vermählung bekannt zu geben. Wir laden herzlich ein zur Hochzeitsfeier am ... in ..."

Die Adressen der Brautleute stehen unten auf der Karte. Heute wird oft eine Antwortkarte beigefügt, auf der die Eingeladenen das Feld „Ich komme (alleine/in Begleitung)" oder „Ich kann leider nicht teilnehmen" ankreuzen sollen. Diese Karten sollten auf jeden Fall zurückgeschickt werden, damit das Hochzeitspaar das Fest besser planen kann (genaue Anzahl der Gäste!). Unangemeldet zur Hochzeit mit den Worten: „Aber hör doch mal, wir waren eingeladen!" zu erscheinen, gilt als grober Fauxpas.

Wer eine Hochzeitsanzeige, aber keine Einladung zum Fest erhalten hat, schickt zumindest eine Glückwunschkarte. Ein Geschenk ist nicht verpflichtend.

Hochzeitsmode

Das Brautkleid hat verschiedene Stufen der Wertschätzung durchlaufen. Sie reichen – wie die gesellschaftliche Einschätzung der Ehe – von großer Wertschätzung bis zu totaler Ablehnung. Bis in die 50er Jahre gab es für junge Mädchen (angeblich) nichts Schö-

neres als den Traum von der Heirat „ganz in weiß mit einem Blumenstrauß", wie Schlagersänger Roy Black sang. Dazu gehörte der Schleier.
In den 60er Jahren regte sich die Protestbewegung. Sie versuchte die alten Rituale und auch die „verzopften" Kleidervorschriften über Bord zu werfen. Es kam vor, dass Frauen in Miniröcken oder in langen indischen Kleidern heirateten. Die Männer trugen offene Hemden, weite Hosen und Jesussandalen. Später kamen auch weiße Smokings für Frauen in Mode.
In den 90er Jahren lebt die Romantik wieder auf. Die traditionelle Hochzeit in Weiß erlebt als Show für Freunde und Familie ein Comeback.
Heute wird nicht versucht, das Ritual der Hochzeit durch Protestkleidung lächerlich zu machen, sondern man zelebriert die Eheschließung als Show. Dazu gehören der traditionelle Rahmen und die festliche Kleidung.

MERKE!

Verpönt sind legere Varianten der Hochzeitskleidung: Anzug und Turnschuhe, Jogginganzüge, Jeans usw.

Welche Farbe hat das Kleid der Braut?

Die bevorzugte Farbe sowohl für die standesamtliche als auch für die kirchliche Trauung ist – Modezeitschriften bestätigen es – nach wie vor weiß. Diese traditionelle Farbe des Brautkleids hat wiederum einen kulturgeschichtlichen Hintergrund: Weiß ist die Farbe der jungfräulichen Unschuld.
Die Braut muss aber keineswegs in Weiß heiraten. Sie muss auch kein langes Rüschenkleid tragen, wenn ihr ein schlichterer Stil besser gefällt. Die meisten bevorzugen aber weiterhin den klassischen Auftritt in der kostbaren Hochzeitsrobe.
Der Bräutigam trägt zur Hochzeit keinen Smoking. Er ist der klassische Abendanzug und den entsprechenden Gelegenheiten (Opernpremiere, Ball) vorbehalten. Smoking nicht vor 19 Uhr, so lautet die Regel! Zur Hochzeit erscheint der Herr in einem schwarzen bzw. dunkelblauen Anzug (diese Farben sind wegen der Möglichkeiten der Weiterverwendung am praktischsten).

MERKE!

Außer der Braut darf niemand bei der Hochzeit die Farbe Weiß tragen! Es ist schließlich ihr Tag.

Was trägt man, wenn man nur standesamtlich heiratet?

Mann: Anzug, grau oder dunkelblau, nicht schwarz.

Frau: Kostüm, elegantes Kleid in der Lieblingsfarbe; kein weißes Brautkleid.

MERKE!

Wer zu einer Hochzeit eingeladen wurde und auch hingeht, darf nicht ohne Geschenk erscheinen.

Hochzeitsgeschenke

Die übliche Form der Geschenkauswahl sind die Hochzeitslisten. Sie liegen traditionellerweise in Geschäften für Geschirr und Haushaltswaren aus. Man lässt sich die Liste zeigen und wählt aus den noch freien Geschenken etwas aus. Was schon weg ist, wird von der Verkäuferin angekreuzt. Hochzeitslisten liegen heute aber nicht nur in Geschirr- und Prozellangeschäften aus, sondern gelegentlich auch in Buchhandlungen oder anderen Geschäften.

Die traditionelle Etikette verwirft diese bequeme Art der Geschenkauswahl. Sie sieht darin eine Verunglimpfung des Schenkens und eine Kommerzialisierung des Hochzeitsfestes. Die korrekte Form ist die Ernennung einer Geschenkbeauftragten bzw. eines -beauftragten durch das Brautpaar. Diese Person wird den Gästen bekannt gegeben. Sie verwaltet die Geschenkeliste, die das Paar zusammengestellt hat. Für die Gäste ist diese Form zumeist mühsam. Man muss sich mit dem Geschenkverwalter in Verbindung setzen, ihn eventuell treffen usw. Manche halten sich dann nicht an die Liste, sondern schenken Geld (es wird in einem Kuvert übergeben und wird meistens sehr gerne genommen). Oder sie schenken Reisegutscheine und andere Überraschungen oder etwas ganz Persönliches.

MERKE!

Das Brautpaar packt die Geschenke vor den Augen der Gäste aus – und ist entzückt. Dies geschieht meistens vor dem Essen.

Die Hochzeitsfeier

- Nach der kirchlichen Eheschließung oder nach der standesamtlichen Zeremonie gibt es als Auftakt zum Essen einen kleinen Empfang mit Sekt oder Champagner.
- Dann bittet – der klassischen Etikette nach – die Mutter der Braut zu Tisch.

Tischordnung an der klassischen Hochzeitstafel
Die beiden Familien sollen „gemischt“ werden. So werden sie auch bei Tisch plaziert. Später sollten auch nach Möglichkeit Angehörige beider Familien miteinander tanzen. Dies hat den Sinn, sich gegenseitig kennen zu lernen.
In der Mitte der Tafel sind Braut und Bräutigam platziert, wobei sie rechts von ihm sitzt. Neben ihr sitzt der Vater des Bräutigams, neben ihm die Mutter der Braut. Der Braut gegenüber sitzt ihr Vater, dem Bräutigam gegenüber seine Mutter ... Dann folgen Geschwister und Großeltern. Dieses Prinzip kann man sich nach den Prinzipien von Geschlechter- und Familienmischung merken. Der Pfarrer sitzt am Kopfende des Tisches.

Grundwissen

Kann man getrennte Hochzeitsfeiern veranstalten? Einmal für die Eltern und die Verwandten, einmal für die Freunde des Brautpaares?

Diese Variante kommt für den Fall der Unvereinbarkeit zwischen Verwandtschaft und Freundeskreis infrage. Nach den Vorschriften der Etikette dürfte man es eigentlich nicht. Aber besser gegen alte Regeln verstoßen, als sich einen Tag, an dem gefeiert werden soll, zu verpatzen. Beispielsweise kann nach der standesamtlichen Trauung ein Essen im kleineren Kreis gegeben werden. Daran nehmen die Eltern, die Verwandten und die engsten Freunde teil.
Ein paar Tage später gibt es ein großes Fest mit Musik und Tanz, zu dem die Verwandten, aber auch der gesamte Freundeskreis eingeladen ist. Dazu erfolgt die Einladung schriftlich, mit beigefügter Antwortkarte, um die Gästezahl möglichst genau zu erfahren.

Sind nur Ehepartner oder auch die Lebensgefährten unverheirateter Gäste miteingeladen?

Kaum jemand wird zu einem so wichtigen Ereignis wie einer Hochzeit mit einem flüchtigen Bekannten erscheinen. Die soziale Übereinkunft definiert Leute, die unverheiratet zusammenleben oder länger schon als Paar auftreten, als soziale Einheit.

MERKE!
Lebensgefährten sind automatisch mit eingeladen.

Der Geburtstag

MERKE!

Vergessen Sie auf keinen Fall, zu einem Geburtstag zu gratulieren.

Das Wichtigste am Geburtstag ist nicht das teure Geschenk, sondern dass man den Tag nicht vergisst! Rufen Sie zumindest an und wünschen Sie alles Gute! Wenn Sie vergesslich sind, tragen Sie die Geburtstage Ihrer engsten Freunde in Ihren Kalender ein.

Das Geschenk

Die Auswahl eines passenden Geschenks bereitet oft Kopfzerbrechen und Bekannte werden in letzter Minute telefonisch um Hilfe gebeten. Die Auswahl eines persönlichen Geschenks erfordert Zeit und Planung.

- Denken Sie nach: Hat das „Geburtstagskind" bestimmte Hobbys oder Leidenschaften und Vorlieben? Ist irgendein Lieblingsgegenstand kaputtgegangen? Hat er oder sie etwas erwähnt, was er oder sie brauchen könnte?
- Holen Sie Tipps von Leuten ein, die den zu Beschenkenden gut bis sehr gut kennen.
- Wenn Sie immer noch ratlos sind, flanieren Sie durch die Läden. Vielleicht springt Ihnen ja genau das Richtige ins Auge.
- Sie können natürlich auch selbst kreativ werden: basteln, malen, nähen ... Solche Geschenke kommen oft sehr gut an, eben weil sie ganz persönlich sind. Bewährt haben sich T-Shirts, die in Kopiergeschäften mit einem Spruch oder Aufdruck, der zum Geburtstagskind passt, bedruckt werden.

MERKE!

Die Faustregel für erfolgreiches Schenken lautet: Je persönlicher ein Geschenk, um so größer die Freude, die es bereitet.

Was schenke ich Bürokollegen oder guten Bekannten zum Geburtstag?

Wenn Ihnen nichts Originelles einfällt, einen Geschenk-Klassiker. Zu ihnen gehören:

- Designer-Haushaltsgegenstände: In diese Kategorie gehören Küchengeräte jeder Art, vom Flaschenöffner bis zum Eierbecher.
- Pralinen: Nur wenn es unbedingt sein muss, sollten Pralinen verschenkt werden. Besser als eine Konfektschachtel aus dem Su-

permarkt machen sich Besonderheiten: exquisiter belgischer Konfekt, den es nur in einem ganz bestimmten Geschäft gibt ...

- Blumen: Als alleiniges Geschenk sind sie meistens ein bisschen wenig. Blumen sind eher die Begleitung zu einem „Hauptgeschenk".
- Parfum
- Krawatte
- Bücher. Aber achten Sie darauf, dass der Titel einen Bezug zur beschenkten Person hat. Entfernen Sie unbedingt die Einschweißfolie vom Buch und schreiben Sie eine Widmung hinein. Ein Buchgeschenk ohne Widmung wirkt steril und unpersönlich.

Was schenke ich meiner Liebsten/meinem Liebsten?

Auf keinen Fall einen Klassiker der Kategorie Krawatte oder Pralinen. Ausnahme: Eine bestimmte CD, ein bestimmter Herrenduft oder ein neues Taschenmodell von Gucci wird ausdrücklich gewünscht.

Grundwissen

Ein lieblos ausgewähltes Geschenk kann für Personen, die einem nahe stehen, sehr kränkend sein. Lieber Geschenke nachreichen, als irgendwelchen Unsinn verschenken.
Auch ausgewählter Schmuck, Dessous und bestimmte, ausdrücklich gewünschte Kleidungsstücke oder ein ganz besonderes Teil ihres Lieblingsdesigners kommen als Geschenk infrage.

Geschenk-Gutscheine

Gutscheine sind nach der ursprünglichen Definition des Geschenkes (persönlich, soll von Herzen kommen) eigentlich verpönt. Sie sind Erfindungen fauler Menschen, doch ist der persönliche Gutschein auf dem besten Weg, als Geschenk etabliert zu werden. Beliebt sind auch Geschenk-Gutscheine mit ganz persönlicher Handschrift. Etwa ein Gutschein für „ein Abendessen mit mir", „einen Wochenendflug nach Rom mit einem Mann, der dich liebt" usw.

MERKE!

Der Gutschein wird von vielen als praktisches Geschenk geschätzt.

Niemals!

Verschenken Sie auf keinen Fall einen „Gutschein über CDs im Gegenwert von 15 DM". Da können Sie gleich drei Fünfmarkstücke verschenken.

Traurige Ereignisse: Das Begräbnis

Der Vater einer guten Bekannten ist gestorben. Ich kannte ihn kaum, muss ich trotzdem auf seine Beerdigung gehen?

Müssen tut niemand etwas, außer sterben, so sagt der Volksmund. Es kommt darauf an, wie Sie zu Ihrer Bekannten stehen. Ist sie eine Freundin oder jemand, mit dem Sie aufgrund gewisser Umstände zu tun haben? Haben Sie ein enges Verhältnis zu ihr, sollten Sie, auch wenn Sie solche Zeremonien hassen, auf die Beerdigung des Vaters gehen. Dadurch signalisieren Sie eine Form von Anteilnahme. Und die braucht man in solchen Situationen mehr als irgendetwas anderes.

MERKE!

Wenn Sie bei der Beerdigung eines Ihnen nahe stehenden Menschen verhindert sind, rufen Sie die Trauernden wenigstens an.

Was tue ich, wenn ich unter keinen Umständen auf die Beerdigung kommen kann?

Geben Sie ein Lebenszeichen von sich. Melden Sie sich, rufen Sie an, aber laufen Sie ja nicht vor der Situation davon. Wer Kummer hat, will ihn sich auch meist von der Seele reden.

Was ziehe ich zu einem Begräbnis an?

Begräbnisse sind keine Modenschauen. Die Trauernden tragen schwarz. Mit entblößten Armen und ohne Strümpfe geht man auch bei hochsommerlichen Temperaturen auf keine Beerdigung. Auf Schmuck sollte weitgehend verzichtet werden. Männer tragen einen schlichten schwarzen Anzug, weißes Hemd und schwarze Krawatte. Allgemein üblich geworden ist ein Begräbnisaccessoire, das bislang eher in der besseren Gesellschaft gebräuchlich war: die schwarze Brille. Sie ersetzt den Schleier und verbirgt die verquollenen Augen vor unerwünschten Blicken.

Das Auto

Ein- und Aussteigen

Der vollendete Gentleman geht um sein Auto herum, schließt zuerst auf der Beifahrerseite auf und öffnet ihr die Wagentür. Die Frau steigt ein, legt den Sicherheitsgurt an, er schließt die Autotür. Dann erst steigt der Mann auf der Fahrerseite ein.

Dieses Ritual muss aber als Sonderfall bezeichnet werden. Im Alltag, der von Stress und Hektik geprägt ist, trifft man auf derart vollendete Höflichkeitsbekundungen selten. Allgemein akzeptiert und üblich ist, dass der Mann auf der Fahrerseite aufschließt und unverzüglich auf der Beifahrerseite die Tür öffnet (meist wird bloß der Verriegelungsknopf hochgezogen).

Beim Aussteigen geht der Mann um den Wagen herum, öffnet der Dame die Tür und hilft ihr heraus.

Niemals!

Nicht zu tolerieren und ausgesprochen rüpelhaft ist es, wenn Männer in ihr Auto steigen, zuerst das Radio anstellen und dann den Motor aufheulen lassen. Währenddessen steht die Beifahrerin fröstelnd in der Kälte und klopft an die Fensterscheibe, damit die Autotür endlich aufgeschlossen wird.

MERKE!

Vollendete Höflichkeit: Der Gentleman schließt zuerst auf der Beifahrerseite auf, wartet bis sie eingestiegen ist und schließt die Wagentür. Dann erst steigt er selbst ein.

Fahrer und Beifahrer

Sie sitzt am Steuer und er ist Beifahrer. Diese Konstellation ist gefürchtet und häufig Auslöser ernsthafter Beziehungskrisen. Viele Männer können es nun einmal nicht lassen und sind als Beifahrer eine Katastrophe. Besserwisserisches Verhalten („Wieso hast du den bloß vorbeigelassen?“ – „Über die Ampel hättest du doch locker drüberkommen können, war doch noch gar nicht richtig rot!“ – „Ist das hier eine Schneckenkutsche oder ein Auto? Wieso fährst

du denn so langsam?") und Nörgelei über den Fahrstil der Frau am Steuer machen das gemeinsame Autofahren zur Qual. Die Frauen reagieren beleidigt bis aggressiv auf das männliche Gemeckere. Die Folge: ein Austausch von Boshaftigkeiten, ein kleiner Streit, im schlimmsten Fall eine mehr oder weniger ernste Beziehungskrise. Der psychologische Hintergrund der Beifahrerkrise sind häufig verdeckte Konflikte und Macht- und Terrainkämpfe.
Übrigens: Auch Frauen auf dem Beifahrersitz können wahre Nervensägen sein und die Männer am Steuer an den Rand des Wahnsinns treiben. Durch ständiges Reden und natürlich auch durch permanente Besserwisserei. Für sie gilt selbstverständlich das gleiche wie für die Männer auf dem Beifahrersitz: Nett sein und den Mund halten.

Grundwissen

Verhalten Sie sich als Beifahrer still! Ersparen Sie sich und Ihrem Fahrer besserwisserische Kommentare. Sonst riskieren Sie Streit, Unfälle und Beziehungskrisen. Wenn Sie sich partout nicht zurückhalten können, fahren Sie nicht mit und lassen Sie Ihren Partner alleine fahren. Dann hat er wenigstens seine Ruhe.

Die Pflichten der Autofahrer gegenüber Bei- und Mitfahrern

Oberstes Gebot: Rücksichtnahme!

- Wenn Sie das Autoradio aufdrehen, bitte nicht auf volle Lautstärke, sondern so, dass man sich noch unterhalten kann.
- Einigen Sie sich mit Ihren Mitfahrern, ob im Auto geraucht wird oder nicht.
- Versuchen Sie nicht, Ihre Mitfahrer durch gewagte Überholmanöver und Geschwindigkeitseskapaden beeindrucken zu wollen. Sie gefährden damit sich und alle anderen. Außerdem zeigen Sie sich als eine Person mit wenig Selbstvertrauen. Hilflose Männlichkeitsbeweise wie quietschende Reifen oder aufheulende Motoren machen Männer nicht männlich, sondern lächerlich.

Darf ich während des Autofahrens flirten?

Der Austausch von Zärtlichkeiten ist während des Autofahrens zu unterlassen. Paare, die sich an jeder Straßenkreuzung küssen und Händchen halten, nennt man nicht verliebt, sondern dumm.

MERKE!

Beim Autofahren sind Zärtlichkeiten unangebracht!

Wer bekommt die Parklücke?

Wer zuerst kommt, mahlt zuerst. Wer der erste in der Warteschlange ist, hat die Parklücke erobert. Austricksmanöver und waghalsige Abdrängversuche können Blechschäden nach sich ziehen.

Wie halte ich Leute, die Alkohol getrunken haben, vom Autofahren ab?

Leute, die Alkohol getrunken haben, haben grundsätzlich am Steuer eines Kraftfahrzeugs nichts zu suchen. Das hat weniger mit Höflichkeit als mit Verstand zu tun: Sie gefährden sich und andere.
Der Genuss von Alkohol verwandelt manche sonst durchaus verständige Zeitgenossen in Starrköpfe, die vernünftigen Argumenten nicht mehr zugänglich sind. Versuchen Sie es am besten mit Tricks:

- Manchmal wirkt die Aussicht auf ein weiteres Glas Wunder: „Lass uns doch gemeinsam ein Taxi nehmen. Ich habe einen tollen Whiskey zu Hause. Wir trinken bei mir noch ein Glas!“
- Andere müssen mehr oder minder gewaltsam daran gehindert werden, sich hinter das Lenkrad zu setzen.
- Vertrauen Sie auf die Macht der Moral. Sagen Sie den potentiellen Alkoholsündern Ihre Meinung, sobald sie wieder nüchtern sind. „Willst du deine Existenz aufs Spiel setzen? Wie kann jemand wie du bloß auf die Idee kommen, sich in einem so betrunkenen Zustand ans Steuer setzen zu wollen?“

Das Taxi

Wie verhalte ich mich als Fahrgast gegenüber dem Fahrer?

- Ganz normal. Sie sagen „Guten Tag“ oder „Guten Abend“, wenn Sie einsteigen und können dies auch vom Taxifahrer erwarten.

MERKE!

Sie sind nicht dazu verpflichtet, sich mit dem Taxifahrer zu unterhalten, wenn Sie keine Lust dazu haben.

- Wenn Ihnen der Taxifahrer zu redselig ist und Sie keine Lust auf ein Gespräch haben, geben Sie sich wortkarg – er wird von selbst aufhören zu reden. Andererseits sollten auch Sie Taxifahrer nicht mit langweiligen Geschichten nerven.
- Manche Taxifahrer, die ja oft als Stimme des Volkes („Stammtischdebatten") gelten, lieben es, mit ihren Fahrgästen zu politisieren und über ausländische Kollegen zu schimpfen. Wenn Ihnen dieses Verhalten zuwider ist, lassen Sie sich auf keine politische Diskussion ein. Lassen Sie den Taxifahrer klar und bestimmt wissen, dass er Sie auf dem schnellstmöglichen Weg nach Hause bringen soll, Sie aber nicht mit seinen dubiosen Meinungen belästigen soll.
- Fährt der Taxifahrer zu schnell oder haben Sie den Eindruck, der Fahrer hat getrunken, so haben Sie das Recht auszusteigen. Den bis dahin angefallenen Fahrpreis sollten Sie aber bezahlen.
- Leute, die spätnachts ein Taxi besteigen, haben oft zu viel getrunken. Sollte Ihnen dies auch einmal passieren, können Sie nur versuchen, sich so weit es geht zusammenzunehmen. Alles andere wäre peinlich.

Ein Mann, eine Frau und ein Taxi: Wer steigt zuerst ein?

Es gibt drei Möglichkeiten, die von den allerhöchsten Etikette-Instanzen anerkannt sind:

Möglichkeit 1: Er hält ihr die Tür auf. Sie nimmt Platz. Er schließt die Tür und steigt auf der anderen Seite ein.

Möglichkeit 2: Er öffnet die Tür. Sie steigt ein und rutscht zum gegenüberliegenden Platz. Er steigt auf derselben Seite ein und schließt die Tür.

Möglichkeit 3: Er öffnet die Tür, steigt ein und rutscht auf den gegenüberliegenden Platz. Sie steigt ein und schließt die Tür.

Es ist ein Zeichen für die tiefgehende Veränderung der Rollenbilder, dass diese emanzipierte Variante von den traditionalistisch gesonnenen Instanzen anerkannt wird.

Wer sitzt wo?

Der beliebteste Platz im Taxi ist traditionellerweise der Sitz rechts hinten, weil hier der meiste Raum ist. Man kann den freien Vordersitz so weit nach vorne schieben, wie man möchte. Diesen Platz überlässt der Kavalier und Gentleman gerne der Dame. Er selbst setzt sich links hinter den Fahrersitz. Auch wenn sie alleine Taxi fahren, wählen die meisten Leute aus Bequemlichkeitsgründen den Platz hinten rechts. Wen dies an eine gewisse Dienstbotenfunktion des Taxis erinnert, kann sich auch vorne neben den Fahrer setzen.

MERKE!

Der beste Platz im Taxi ist hinten rechts. Er gebührt der Dame.

Das Fahrrad

Das Radfahren ist heute auch in Großstädten eine akzeptierte und verbreitete Form der Fortbewegung. Im Alltag hört man jedoch häufig Beschwerden von Fußgängern, die die Rücksichtslosigkeit der Radfahrer beanstanden. Dabei sind die Fußgänger, die völlig ungeschützt im Straßenverkehr unterwegs sind, den oft mit schnellen Rädern und Schutzhelmen ausgerüsteten Radfahrern absolut unterlegen.

Doch Straße und Bürgersteig sind keine „freie Wildbahn", auf der Fußgänger unter wildem Geklingel gejagt werden können. Fußgänger und Radfahrer haben sich in ihren Bereichen – Bürgersteig, Radweg – aufzuhalten. Zuwiderhandlungen ziehen unangenehme Konsequenzen nach sich: Streit, Beschimpfung bis hin zu Verletzungen und Kollisionen.

MERKE!

Auch zwischen Radfahrern und Fußgängern gelten die Regeln der Straßenverkehrsordnung.

Skateboarder und Rollerblader

Der Flaneur spaziert heute nicht mehr gemächlich durch die Stadt, sondern er rollt und flitzt durch die Fußgängerzone, springt über Stufen bei U-Bahnabgängen und ist immer mobil. Skateboards – Bretter auf Rollen – und Rollerblades (eine Art schnittiger Rollschuhe) gehören heute zum städtischen Alltag. Dies bleibt nicht ohne Auswirkungen auf die Umgangsformen. In Fußgängerzonen, auf Radfahrwegen und Bürgersteigen wird es mitunter ganz schön eng und unangenehm.

Für Skateboarder oder Rollerblader:

Grundwissen

Benützen Sie Ihre fahrbaren Untersätze erst, wenn Sie sie auch wirklich beherrschen. Üben Sie auf dem Dachboden, im Garten oder in der Fahrschule, aber bitte wagen Sie sich nicht als Anfänger unter die Leute. Es sieht komisch aus, wenn Sie mit Knieschützern, Helm und anderen Accessoires durch die Innenstadt mehr stolpern als rollen. Es ist auch noch gefährlich für Sie, weil Sie von Ihrem fahrbaren Untersatz beherrscht werden und keine Kontrolle darüber haben. Und es ist auch riskant für die anderen, weil Sie im Ernstfall nicht ausweichen können und hilflos Hindernisse und eventuell auch Menschen rammen.

Für Fußgänger:

Grundwissen

Weichen Sie im Zweifelsfall lieber aus, wenn Ihnen Skater oder Rollerblader entgegenkommen. Sie können ihre Fahrkünste nicht abschätzen. Häufig sind Anfänger unterwegs. Die Unfallfolgen können verheerend sein.

Ersparen Sie, besonders wenn Sie zu den älteren Mitbürgern gehören, sich und den anderen sinnloses Geschimpfe. Skaten ist modern – und die Jungen und die nicht mehr ganz so Jungen wollen sich auf diese Weise bewegen –, auch wenn dies nicht jedermanns Sache ist.

Laster und Tugenden

Eine der vielen Belästigungen im Alltag ist das Angestarrtwerden in der Öffentlichkeit. Es gibt zwei Methoden der Gegenwehr: offensiv zu reagieren oder es zu ignorieren. Entweder: Sie starren so lange zurück, bis der Unbekannte wegschaut. Hilft dies nichts, fragen Sie: „Was ist los?“ – „Was ist so interessant an mir?“ Oder: Sie blicken demonstrativ weg und schauen in eine Zeitung oder ein Buch.

Pünktlichkeit und Verspätungen

Mit der Pünktlichkeit ist es so eine Sache: Alle beschwören sie, nehmen sie sich vor, trotzdem muss man im Alltag immer wieder Verspätungen einkalkulieren. Das Zuspätkommen gehört zu den alltäglichsten und häufigsten Etikettefehlern.

Falls Sie dazu neigen, zu jedem Termin und zu jeder Verabredung zu spät zu kommen, nehmen Sie dieses Fehlverhalten nicht hin, sondern legen Sie sich ein Trainingsprogramm zurecht. Klar ist: Pünktlichkeit erfordert Selbstdisziplin und realistische Zeitplanung. Überschätzen Sie Ihren Zeitrahmen nicht. Wenn Sie um 20.30 Uhr zum Abendessen verabredet sind, ist es unrealistisch, vierzig Minuten vorher damit zu beginnen, sich die Haare zu waschen.

- Erwerben Sie einen detaillierten Terminkalender. Planen Sie Ihren Tag so genau wie möglich. Versuchen Sie, sich wenigstens gelegentlich auch an Ihre Planung zu halten.
- Kosten Sie Erfolgserlebnisse aus. Es ist ein schönes Gefühl, pünktlich zu einem Termin zu erscheinen. Man sieht frisch, jugendlich und entspannt aus. Ist man wieder einmal zu spät dran, kommt man abgehetzt und verschwitzt an. Und hat womöglich in der Eile noch wichtige Unterlagen vergessen.

MERKE!

Zuspätkommen, die Unsitte, andere warten zu lassen, ist ein Ausdruck von Missachtung anderer Personen.

Private und geschäftliche Termine

Prinzipiell stimmt es, dass man unterscheiden muss, um welche Art von Termin es sich handelt. Bei privaten Terminen gelten größere Toleranzspielräume als bei geschäftlichen. Dort gibt es kein Pardon.

MERKE!

Pünktlichkeit bedeutet nicht auf die Minute genau zu erscheinen. Fünf bis zehn Minuten Verspätung werden im Allgemeinen toleriert. Kommen Sie aber auch nicht zu früh! Es wirkt nervös, unsicher und nicht souverän.

Manche Menschen reagieren auf notorische Zuspätkommer überaus empfindlich. Sie sind beleidigt oder drohen in schwerwiegenden Fällen mit dem Entzug der Freundschaft.
Zuspätkommen ohne vorher telefonisch Bescheid zu sagen, gilt als unseriös und nachlässig. Jeder notorische Zuspätkommer sollte über ein Standardrepertoire an Ausreden verfügen:
„Der Wagen ist nicht angesprungen." – „Die Tagesmutter hat in letzter Sekunde abgesagt. Ich musste mein Kind versorgen." – „Ich hatte eine akute Kreislaufschwäche." – „Das Flugzeug konnte nicht landen." usw.

Die Lüge

Schonungslose Offenheit kann sehr brutal sein. Man bekommt unangenehme Dinge über sich selbst ins Gesicht geschleudert. Andere nehmen es sich heraus, in die intimsten Lebensbereiche einzudringen. Wilhelm Busch wusste, wovon er sprach, als er meinte: „Da lob ich mir die Höflichkeit, das zierliche Betrügen."
Die Lüge gilt als böse. Sie ist verpönt. Dabei ist eine höfliche und nette Lüge rücksichtsvoller als die unbedingte Wahrheit.

MERKE!

Niemand hat ein Recht darauf, jemand anderen um der puren Offenheit willen zu kränken.

In welchen Situationen ist die Lüge erlaubt?

Grundsätzlich dann, wenn sie höflicher ist als die pure Wahrheit. Hinter vielen Komplimenten verbergen sich kleine Lügen und Schmeicheleien. Eben nett gemeinte Täuschungsmanöver.
Beispiel: Ihre Arbeitskollegin kommt mit neuen hochhackigen Designerschuhen ins Büro. Sie waren sehr teuer. Sie erzählt strahlend von den neuen Schuhen. Es bleibt Ihnen in diesem Fall gar nichts anderes übrig, als eine anerkennende Bemerkung über die neuen Schuhe zu machen. Hätte sie sie nicht ausdrücklich erwähnt, hätten Sie vielleicht nur gesagt: „Neue Schuhe? Interessant!"
Erzählen Sie niemals Boshaftigkeiten weiter, die bestimmte Leute über jemanden verbreiten. Dies wird zu Recht als sehr kränkend

aufgefasst. „Weißt du eigentlich, die Spindler sagt immer, wenn du kommst: ‘Ach da kommt ja unsere Vogelscheuche. Was hat sie heute wohl wieder anhat?’“

Manche Lügen zu Ihrem persönlichen Vorteil sind erlaubt! Während eines Vorstellungsgespräches zum Beispiel sind Sie nicht gezwungen, die absolute Wahrheit über Ihre letzte Stelle zu erzählen. Sie dürfen ein bisschen flunkern und beschönigen, etwa, dass Sie mobil und flexibel sind und deshalb Ihre Stelle wechseln wollten. Damit haben Sie bereits zwei moderne Begriffe gebraucht und Eindruck gemacht. Außerdem sind Sie ein Mensch, der Neuem gegenüber sehr aufgeschlossen ist. Deswegen würde dieser Job für Sie eine große Herausforderung darstellen.

MERKE!

Auch wenn Ihnen Kleidungsstücke, auf die andere besonders stolz sind, nicht gefallen, lassen Sie sich ein Lob entlocken. Auf keinen Fall dürfen Sie abfällige oder negative Bemerkungen über die neuen Sachen machen, auch wenn sie sie noch so hässlich finden.

Frauen lügen anders als Männer

Der Wiener Soziologe Peter Stiegnitz hat in langjährigen Untersuchungen die Lüge erforscht. Er entdeckte geschlechterspezifische Unterschiede.

Typische Frauenlügen sind

- die Alterslüge: Zwei Drittel aller Frauen ab 40 machen sich jünger als sie sind. Ein Drittel der Männer tut dies allerdings auch.
- die Gewichtslüge: Rund 80 Prozent der Frauen, errechnete der Soziologe, schummeln, wenn es um ihr Gewicht geht.
- die Orgasmuslüge: Ein Drittel der Frauen gab zu, häufig einen Orgasmus vorzutäuschen.

Als typische Männerlügen gelten

- die Potenzlüge: Zwei Drittel der Männer schätzen sich als ausdauernde und fähige Liebhaber ein.
- die Einkommenslüge: Rund drei Viertel der Männer nennen gerne ein höheres Einkommen, als sie tatsächlich haben. Ebenso viele beschönigen die Position, die sie in ihrer Firma bekleiden. Sie möchten bedeutender erscheinen, als sie sind.

Männer und Frauen lügen gleichermaßen, wenn es um Eitelkeit und Suchtverhalten geht.

- Die Eitelkeitslüge ist ein Täuschungsmanöver, bei dem man sich selbst mit Schmeicheleien hinters Licht führt. Man redet sich ein: „Ich bin klug, schön und bald werde ich auch noch reich sein ..."
- Die Suchtlüge besteht in der Verniedlichung von gesundheitsschädlichem Verhalten. Ein Drittel der Frauen und 40 Prozent der Männer lügen, wenn es um ihre heimlichen Süchte geht. „Ich trinke doch fast gar nichts" – „Ich rauche nur, wenn ich auch Alkohol trinke" sind typische Suchtlügen.

Schulden

MERKE!

Begehen Sie nicht den Fehler, allzu offen über Ihre Geldprobleme zu sprechen. Bitten Sie nur Leute, die Sie sehr gut kennen, darum, Ihnen etwas zu borgen.

Wer kommt als Gläubiger in Frage?

Außer der Bank und anderen dafür professionell zuständigen Einrichtungen, ausschließlich Personen, denen Sie unbedingt vertrauen können. Es ist gesellschaftlich nicht mehr so verpönt, wenig oder kein Geld zu haben, wie dies noch in den 80er Jahren der Fall war. Man sollte aber dennoch dezent sein und in Geldangelegenheiten Zurückhaltung walten lassen.

MERKE!

Geborgtes Geld erstattet man innerhalb einer gewissen Frist unaufgefordert zurück. „Danke. Hier sind die 50 DM, die du mir neulich für das Taxi geliehen hast."

Wie erinnere ich Leute daran, dass sie mir Geld schulden?

Als Gläubiger brauchen Sie keine Hemmungen zu haben, Ihr Geld auch zurückzufodern. Tun Sie dies aber diskret und höflich. Gewissensbisse – „Hoffentlich halten Sie mich nicht für kleinlich" – angesichts von Geldbeträgen sind fehl am Platz. Schließlich ist es Ihr Geld.

Die Entschuldigung

In unserem Kulturkreis hat sich dies noch nicht überall herumgesprochen, dass eine Entschuldigung eine Selbstverständlichkeit sein sollte.

Grundwissen

Angebracht ist die Entschuldigung
- nach einem Streit zur Einleitung der Versöhnung: „Es tut mir Leid. Ich möchte mich bei dir entschuldigen."
- wenn man sich in einer Sache geirrt hat: „Ich bitte um Entschuldigung, aber ich habe mich geirrt."
- bei Unhöflichkeiten in der Öffentlichkeit: Anrempeln, jemandem auf die Füße treten usw.: „Entschuldigung" oder „Pardon".
- wenn man jemanden um eine Auskunft bittet: „Entschuldigen Sie bitte, aber wissen Sie vielleicht, wo die Kantstraße ist?"

Bequeme und unbequeme Wahrheiten

Wie sage ich jemandem unangenehme Dinge über sich selbst?

In delikaten Fällen ist eine gewisse Mischung aus Feingefühl und Bestimmtheit oberstes Prinzip. Sagen Sie zum Beispiel beim Thema Mundgeruch:
- „Da ist etwas, Klaus, das ich dir schon lange sagen wollte… Nein, du brauchst nicht so entsetzt zu schauen, es handelt sich wirklich nur um eine Nebensächlichkeit. Aber hast du dir schon einmal überlegt, ob du nicht Probleme mit dem Magen haben könntest. Weißt du, in letzter Zeit habe ich nämlich bemerkt, dass …"
- „Hast du dir schon einmal überlegt, dass sich dieser kleine Fehler nachteilig auf deine Geschäftsbeziehungen auswirken könnte? Tu mir den Gefallen und denk einmal drüber nach."

Überlassen Sie dieses heikle Feld nicht Leuten, die bevorzugt anderen Menschen Gemeinheiten direkt ins Gesicht schleudern. Der seelische Schaden könnte nicht wieder gutzumachen sein.

Das Lob

Pflegen Sie die Kultur des Lobes! Loben Sie andere, wenn Ihnen etwas gefallen hat; machen Sie Komplimente, auch wenn es Ihnen schwer fällt! Die oft als hohl kritisierte Höflichkeit der Amerikaner kann uns hier durchaus ein Beispiel sein.

MERKE!

Umgangsformen ist schließlich nur ein anderes Wort für Takt und Herzensbildung.

Register

Der Text dieses Buches folgt den neuen Regeln der deutschen Rechtschreibung

Weltbild Buchverlag

Einbandgestaltung, Layout und Satz: CCG, Köln
Titelfoto: ZEFA, München
Illustrationen: Manuela Sacher, Augsburg
Druck und Bindung: Offizin Andersen Nexö – ein Betrieb der INTERDRUCK Graphischer Großbetrieb GmbH, Leipzig
Printed in Germany

ISBN 3-89604-607-1